Die Stimme des Tales

TAISEN DESHIMARU-RŌSHI

DIE STIMME DES TALES

ZEN-UNTERWEISUNGEN

AUFGEZEICHNET UND HERAUSGEGEBEN
VON PHILIPPE COUPEY

WERNER KRISTKEITZ VERLAG

2., durchgesehene Auflage 2013. Copyright © 1979 by Taisen Deshimaru. Titel der Originalausgabe: «The Voice of the Valley», erschienen bei The Bobbs-Merrill Comp., Inc., Indianapolis / New York. Deutsche Rechte: © 1982 by Werner Kristkeitz Verlag, Heidelberg. Übertragung aus dem Englischen von Annette Doffin-Rozkosny, Vladimir Rozkosny und Werner Kristkeitz. Umschlagabbildung und Illustration: Linolschnitte von Saskia Vandrey. Alle Rechte der Verbreitung durch alle Medien, auch auszugsweise, vorbehalten.

ISBN 978-3-921508-18-3

www.kristkeitz.de

Ich verneige mich in Sanpai
vor den Drei Schätzen:
Buddha, Dharma und Sangha.
Ich verneige mich in Sanpai
vor meinem Meister Taisen Deshimaru:
dem Bodhidharma der Gegenwart.

P.C.

Vorwort

Taisen Deshimaru war Schüler von Kōdō Sawaki. Kōdō Sawaki war der wichtigste Sōtō-Zenmeister der Überlieferung seit Dōgen[1], und er konzentrierte den Edelstein seiner Lehre auf nur einen Schüler, Taisen Deshimaru, mit dem er viele Jahre zusammen war und den er liebte.

Unmittelbar vor seinem Tod gab Meister Kōdō Sawaki Deshimaru die Mönchsordination und somit die Überlieferung, die von Buddha zu Buddha, von Vorfahre zu Vorfahre weitergegeben wird.

Kōdō Sawaki starb jedoch plötzlich, und so bestätigte ich, Yamada, offiziell und stellvertretend für den großen Meister in meiner Funktion als Vorsteher des Tempels Eiheiji[2], dass Taisen Deshimaru das Shihō erhalten hatte.

Ich betrachte es als eine große Ehre, das Shihō Taisen Deshimarus bestätigt zu haben. Bis zum heutigen Tag gab ich, Yamada, es noch an keinen anderen, und ich bin darüber sehr glücklich, da Taisen Deshimaru ein wahrhaft großer Meister ist.

Als ich 1976 mein Amt als Vorsteher des Eiheiji niederlegte, hätte der Regel nach Taisen Deshimaru nach Japan zurückkehren und meine Nachfolge antreten müssen. Aber wie Bodhidharma im sechsten Jahrhundert verbreitet Deshimaru heute die wahre und authentische Essenz des Buddhismus im Westen, und so braucht er nicht zurückzukommen.

Deshimarus Gesicht gleicht dem Bodhidharmas, und seine Lehre nicht minder. Deshimarus Lehre ist exakt die von Bodhidharma.

Dieses Buch folgt der Essenz des überlieferten Zen – des überlieferten Zen, das durch Bodhidharma und Deshimaru weitergegeben wird. Ich, Yamada, glaube daran. Es ist wie die Stimme des Tales. Es ist wie der Fluss. Es erzeugt ein unendliches Echo.

Meine Mission in Amerika dauerte fünf Jahre. Ich war als Kaikyōsōkan[3] in San Francisco. Ich bedaure, dass ich nicht viel Einfluss

---

1   1200–1253.
2   Der Tempel (*ji*) Eihei wurde 1243 von Dōgen gegründet und ist heute das Zentrum der 15.000 Sōtō-Tempel in aller Welt.
3   Eine Stellung in der Zenhierarchie, vergleichbar der eines Kardinals.

hatte und dass meine Mission, wahres Zen in Amerika zu verbreiten, nicht besonders erfolgreich war. Taisen Deshimaru dagegen, der seit zehn Jahren Kaikyōsōkan in Europa ist, hatte Erfolg. Er verbreitet das wahre Zen Bodhidharmas und Dōgens im Westen.

Durch dieses Buch kann der Deutsch sprechende Leser zum wahren Verständnis der reinen Lehre Bodhidharmas kommen. Ich, Yamada, glaube zumindest daran.

Mit diesem Tag erlebe ich große Freude, da der Mission meines Lebens Erfolg beschieden ist.

Yamada Reirin, Zenji,
em. Vorsteher des Tempels Eiheiji,
em. Präsident der Japanischen Buddhistischen Union

Einführung

Vergangene Meister der Überlieferung

Bodhidharma, der Sohn eines indischen Königs, reiste von Südindien nach Nordchina, um die wahre Lehre Buddhas zu verbreiten, die er mit sich führte. Irgendwann zu Beginn des sechsten Jahrhunderts kam Bodhidharma in der chinesischen Hauptstadt an und traf den Kaiser Yang.

«Ich bin ein großer Kaiser», sagte der Herrscher zu dem Mönch während ihrer kurzen, aber historisch bedeutsamen Begegnung. «Ich habe Tempel und Stūpas erbaut und viele tausend Mönche ernährt und unterstützt. Mein Verdienst dem Buddha gegenüber ist sicherlich groß. Was meint Ihr?»

Bodhidharma antwortete bloß: «Mukudoku – kein Verdienst.»

Der Buddhismus befand sich zu dieser Zeit in den Händen von Aristokraten, Gelehrten und Intellektuellen, in einem Stadium der Dekadenz, und so ging Bodhidharma, um Klarheit zu schaffen, in die Berge und saß neun Jahre lang vor einer Felswand.

Ein Mann namens Eka, der von dem in einer Höhle sitzenden Vorfahren gehört hatte, ging ihn besuchen. An der Höhle angekommen, schaute er hinein und sah, dass der Meister gerade in tiefer Konzentration saß. So wartete er draußen. Es war kalt und es schneite. Als es dunkel wurde, versuchte er, die Aufmerksamkeit des Meisters auf sich zu lenken. Dieser saß da wie ein Holzblock und ignorierte ihn. Nachdem so einige Tage vergangen waren, rief Eka – der Schnee reichte ihm inzwischen bis zur Hüfte – in die Höhle: «Bitte, mein Geist ist nicht friedlich. Beruhigt ihn für mich.» Dies sagte er stotternd, denn er weinte.

Aber er erhielt keine Antwort, und so zog der Mann sein Schwert und hieb sich die linke Hand ab.

Jetzt sah Bodhidharma Eka an und sagte: «Bring mir deinen Geist, und ich werde ihm Frieden geben!»

«Ich mag ihn suchen, wie ich will», antwortete Eka, der vor Schmerzen in seinem Arm wie von Sinnen war, «aber ich kann ihn nicht finden.»

«Siehst du? So habe ich ihn beruhigt.» Eka trat aus dem blutge-
tränkten Schnee und warf sich in Sanpai[4] vor dem Meister nieder.

Eka blieb neun Jahre bei seinem Meister und praktizierte nur Shikantaza – konzentriertes Sitzen in der Zazenhaltung. Als Eka schließlich die Essenz der Lehre des Meisters empfangen hatte – nämlich
dass es den Begriff «Mangel» nirgendwo im ganzen Universum gibt
– und dies in der Tiefe seines Geistes und seines Körpers erfasst hatte, übertrug ihm Bodhidharma die Nachfolge.

Bodhidharma, der erste Zenpatriarch und der achtundzwanzigste in der Linie seit Buddha Śākyamuni, wurde im Alter von 150 Jahren vergiftet – das heißt, man bot ihm Gift an, das er im Stil von Sokrates annahm.

Eka, nun der zweite Vorfahre des Zen, ging in die Stadt, wo er im
Schlachthof wohnte und manchmal als Metzger arbeitete. Und dort
begann er auch, den Dharma[5] zu verbreiten – hauptsächlich durch
Zazen. Er saß, wie sein Meister es ihn gelehrt hatte, in der exakten
Haltung des Buddha Śākyamuni.

Ein Mann namens Sōsan, von Lepra geplagt und dem Tod nah,
suchte den zweiten Vorfahren auf.

Nachdem er Ekas Schüler geworden war, saß auch er in der perfekten Haltung – neun Jahre lang. Er wurde von der Lepra geheilt,
und nachdem er die Essenz der Lehre seines Meisters empfangen hatte – nämlich dass es den Begriff «Überfluss» nirgendwo im ganzen
Universum gibt –, erhielt Sōsan die Übertragung.

Der Buddhismus wurde damals in China streng verfolgt, und als
Eka im Jahr 593 im Alter von 107 Jahren starb – als Opfer eines Mord-
anschlags, den der örtliche Polizeichef angestiftet hatte –, sah sich Sōsan gezwungen, Zuflucht in den Bergen zu suchen. Und da er mit Sicherheit hingerichtet worden wäre, wenn man ihn gefangen genommen hätte, musste Sōsan ständig umherziehen. Und so verbreitete er, jetzt der dritte Vorfahre, von den Bergen Nordchinas aus die
Lehre und schrieb das *Shinjinmei*, «Gedichtsammlung vom Glau-
bensgeist», den ersten Zentext überhaupt, der die Essenz des Bud-

---

4 Die höchste Huldigung, das Aufgeben des Körpers an alle Dinge.
5 Die Wahrheit, das Prinzip des Universums, die Lehre Buddhas, das, was
   von Meister zu Schüler weitergegeben wird.

dhismus darstellt. Er lehrte, wie Bodhidharma, nur eines: Shikantaza.

Sōsan starb 606 unter einem Baum in der Nähe seines Verstecks, in der aufrechten Kinhinhaltung[6].

Das Shihō – die Übertragung – ging weiter von Meister zu Schüler, nun an Dōshin, dann an Kōnin und schließlich an Enō. Enō, in China als Huineng bekannt, war der sechste Vorfahre und einer der größten Meister in der Geschichte des Zenbuddhismus. Obwohl in den Sūtras nicht sehr bewandert – er war Analphabet –, wurde Enō dennoch der Hauptinitiator in der Verbreitung des Zen in China.

Enō hatte keinen Vater und half seiner Mutter beim Verkauf von Brennholz. Eines Tages, als er auf der Straße Holz verkaufte, hörte er zufällig einen Mönch das Diamantsūtra rezitieren. Als er die Worte «Wenn der Geist an nichts haftet, erscheint der Wahre Geist» hörte, war er erleuchtet. Er reiste in die Berge Nordchinas und begegnete dort auf dem Berg Hōbei dem fünften Vorfahren, Meister Kōnin. Wegen seiner Armut und seiner niederen Herkunft wurde Enō in die Küche zum Reisstampfen geschickt.

Acht Monate nach Enōs Ankunft am Berg Hōbei bat Kōnin seine Schüler, ihre durch Zazen erreichte Einsicht in einem kurzen Gedicht zum Ausdruck zu bringen. Jinshū, der älteste und brillanteste sowie gebildetste unter den vielen Schülern des Meisters, verfasste folgendes Gedicht:

Unser Körper ist der Bodhibaum,
Unser Geist wie ein glänzender Spiegel.
Immerfort polieren wir den Spiegel blank
Und lassen keinen Staub sich darauf legen.

Dieses Gedicht, allgemein von den Schülern als ein Meisterstück der Einsicht betrachtet, heftete man an eine Wand in der Nähe des Dōjō[7]. Nachdem sich Enō das Gedicht hatte vorlesen lassen, verfasste er sein eigenes. Da er nicht schreiben konnte, diktierte er einem der anderen den folgenden Vers:

6 Zazen in Bewegung.
7 Der Ort, an dem man Zazen praktiziert.

Es gibt keinen Bodhibaum
Und keinen Rahmen für den glänzenden Spiegel.
Da alles leer ist –
Wohin könnte der Staub sich legen?

Als der Meister die beiden Gedichte sah, rief er Enō in sein Zimmer. Enō kam um die verabredete Zeit, um Mitternacht, und der Meister gab ihm sein Kesa – das Mönchsgewand –, und die Essschale und übertrug ihm die Nachfolge. Er riet Enō, sofort zu fliehen, da ihn sonst die Mönche, neidisch und aufgebracht darüber, dass solch ein armer und ungebildeter Küchenlaie – Enō war zu diesem Zeitpunkt noch nicht einmal Mönch – die Weitergabe an ihrer Stelle erhalten hatte, gewiss getötet hätten. So flüchtete Enō noch in derselben Nacht.

Am darauf folgenden Morgen, als die Neuigkeit bekannt wurde – Meister Kōnin war nirgends zu finden, da er sich ebenfalls verstecken musste –, nahm eine Gruppe von Mönchen unter einem wilden Anführer die Verfolgung Enōs auf. Als Enō einige Tage später den wütenden Anführer auf sich zukommen sah, legte er schnell das heilige Gewand und die Essschale auf einen Felsen und sprang in einen Busch. Es folgte ein kurzer Dialog; Enō, noch in sicherer Entfernung, sagte: «Das Gewand und die Schale sind Glaubenssymbole. Wie könnte man sie also durch Gewalt erlangen? Aber wie auch immer, wenn du sie haben willst, nimm sie. Hier liegen sie.»

Der Anführer griff nach Gewand und Schale. Aber aus irgendeinem Grund war er unfähig, sie von dem Stein hochzuheben. Wie vom Donner gerührt wandte er sich Enō zu, und durch den Schock demütig geworden, sagte er: «Wahrhaft, ich bin um des Dharmas willen gekommen, nicht wegen des Gewands und der Schale. Bitte lehrt es mich jetzt.»

«Denke weder gut noch böse», antwortete Enō, «und was ist dann dein wahres Selbst?»

Plötzlich zur Wahrheit erwacht, warf sich der Anführer zu Enōs Füßen in Sanpai nieder, mit der Stirn den Boden berührend.

Nach diesem Zwischenfall zog sich Enō zurück und lebte die folgenden fünfzehn Jahre unter Fischern. Seine Abgeschiedenheit endete, als er eines Tages in der Stadt von einem Mönch als der lang gesuchte sechste Vorfahre erkannt wurde. Nachdem er die Mönchsweihe empfangen hatte, ließ sich Enō auf dem Berg Sōkei in Südchina nieder. Von diesem Berg aus lehrte er Kū – die Leerheit, Dasein ohne Numen, das Allumfassende – durch die Zazenpraxis.

Der sechste Vorfahre tat seinen letzten Atemzug auf dem Berg Sōkei, in der perfekten Zazenhaltung – im Lotossitz.

Enōs berühmteste Schüler – Seigen, Nangaku und Yōka-Daishi – bekamen alle von ihrem Meister Shihō. Nangaku war ein Vorbote des später entstehenden Rinzai-Zen und Seigen der Vorbote des Sōtō.

Von Seigen ging das Shihō an Meister Sekitō. Sekitō ist der Autor des *Sandōkai* und Yōka-Daishi der Autor des *Shōdōka*.

Der große Meister Tōzan lernte viele Jahre bei zwei Rinzai-Meistern, Nansen und Issen. Mit deren Lehre jedoch unzufrieden, wurde Tōzan Schüler des Sōtō-Meisters Ungan. Von diesem erhielt er das Siegel der Übertragung.

Tōzan schrieb das *Hōkyō Zanmai*. Das *Hōkyō Zanmai*, das *Sandōkai*, das *Shōdōka* und das *Shinjinmei* sind die ältesten Zentexte, und als schriftliche Verkörperung der Essenz des Zen sind sie die Grundlage aller wahren Zenschriften.

Tōzan starb im Jahr 869. Nachdem er sich den Kopf rasiert hatte, bat er einen der Mönche, die große Glocke zu schlagen, und verschied beim letzten Schlag.

Als kein Zweifel mehr bestand, dass der Meister tot war, machten die Schüler in ihrem Elend und Kummer vor Trauer um den Meister solch einen Lärm, dass Tōzan sogar im Tod bewusst wurde, wie unvorbereitet seine Schüler waren, und er wieder zum Leben erwachte.

«Dumme Burschen», sagte er, öffnete seine Augen und sah die erstaunten Schüler an. «Wisst ihr denn nicht, dass ihr niemals irgendetwas begreifen werdet, solange ihr an Geist und Körper haftet?»

Die Schüler waren sprachlos. Der Meister stand auf und sagte: «Ihr macht solchen Lärm, dass ich nicht einmal in Ruhe sterben kann!»

Die Schüler beschlossen daraufhin, dass sie so lange fasten würden, bis der Meister erneut gestorben wäre.

Aber nach sieben Tagen Fasten war Tōzan lebendiger denn je, und seine vertrautesten Schüler fragten den Meister, wann er wohl wieder zu sterben gedenke: «Wir haben alle großen Hunger!» – «Gut», lachte Tōzan, «wenn das so ist, werde ich morgen sterben.»

Am darauf folgenden Tag, nachdem er ein Bad genommen hatte, setzte sich Tōzan mit all seinen Schülern zum Zazen und starb. Er starb diesmal während des Kusen, der mündlichen Unterweisung.

Sōzan, ein enger Schüler von Tōzan (das *sō* und das *tō* in ihren Namen wurde später zu «Sōtō» zusammengesetzt), ist vor allem durch die Entwicklung der «Fünf-Stufen-Lehre» bekannt. Diese «Fünf Stufen» bilden das philosophische Gerüst des *Sandōkai* und des *Hōkyō Zanmai*. Nachdem er von seinem Meister Shihō erhalten hatte, erweiterte Sōzan die «Fünf Stufen», bis sie zu philosophisch und zusammenhanglos waren, um noch von großem Nutzen zu sein. Das Ergebnis war, im Gegensatz zu häufigen Behauptungen, dass Sōzans Nachfolgelinie einige Generationen nach seinem Tod zu einem plötzlichen Ende kam.

Es war Ungo Dōyō, ein anderer enger Schüler Tōzans, und nicht Sōzan, der die direkte Linie der Nachfolge von Bodhidharma über Dōgen bis Taisen Deshimaru weiterführte.

Dennoch ist Sōzan eine wichtige Gestalt in der Sōtō-Zenschule. Er starb 901 unter einem Baum, mit den Händen in der Gasshō-Haltung[8].

Durch diesen Bruch in der Nachfolge erfuhr die von Buddha und Bodhidharma weitergegebene Lehre eine Periode harter Prüfungen; während dieser Zeit stritten sich die Philosophen und die Praktiker und setzten dabei die exakte Lehre Bodhidharmas aufs Spiel. Die Lehre wurde jedoch durch das Erscheinen Fuyō Dōkais bewahrt, der sich anschickte, ein weiterer großer Meister der Überlieferung zu werden. Fuyō Dōkai lehrte den wahren Dharma – Shikantaza –, und als der chinesische Kaiser versuchte, Dōkai zu Kompromissen zu bewegen, lehnte dieser kategorisch ab. Der Kaiser, durch

---

8 Eine Geste der Verehrung, bei der man die Handflächen vor der Brust aneinanderlegt; dies symbolisiert die Einheit von Mensch und Kosmos.

des Meisters unbeugsame Haltung verärgert, schickte Dōkai in die Verbannung. Trotzdem lehrte Dōkai, wie viele andere vor ihm, von seinem Versteck in den Bergen aus weiter. Dōgen, der Vater des japanischen Sōtō-Zen, sah in Fuyō Dōkai «das Rückgrat, die Knochen und das Mark der von Buddha Śākyamuni überlieferten Lehre.»

Meister Wanshi[9], Autor des berühmten *Zazenshin*, gab dem Sōtō-Zen seinen ersten philosophischen Text, der von der Praxis des Zazen handelt. Und Meister Nyojō, der nach ihm kam, verknüpfte die authentische Philosophie Wanshis mit Fuyō Dōkais steter strenger Praxis und gab dies weiter an Dōgen. Dieser nahm den Samen der Übertragung, den er auf dem chinesischen Festland bekam, auf und verpflanzte ihn nach Japan.

Die wahre Lehre Buddha Śākyamunis begann in Japan mit Dōgen. Und obwohl Dōgen nichts daran lag, die Lehre innerhalb der Grenzen einer bestimmten Richtung oder Schule weiterzugeben – er mochte nicht einmal den Namen Sōtō – war er trotzdem der Gründer des Sōtō-Zen in Japan. Er war auch der Gründer des Sōtō-Zentempels Eiheiji, der heute das Zentrum der Sōtō-Schule ist.

Dōgen lehrte, dass man die Essenz der Buddhalehre nur durch die Zazenpraxis und nicht durch irgendwelche Texte erfassen kann. Dennoch schrieb er in zwanzig Jahren 120 Abhandlungen über die Essenz der Buddhalehre. Am bekanntesten ist wohl sein Hauptwerk unter dem Titel *Shōbōgenzō* («Die Schatzkammer des wahren Dharma-Auges»). Die Texte, die er schrieb, werden von prominenten Philosophen wie Heidegger und Jaspers als außerordentlich tiefgründig angesehen. Dōgen nimmt tatsächlich im philosophischen und intellektuellen Denken des Ostens eine zentrale Stellung ein. Und was den Buddhismus selbst betrifft, hat Dōgens Gedankengut (wie es in der Überlieferung des Dharmas und in seinen Büchern zum Ausdruck kommt) einen enormen und schier unübersehbaren Einfluss. Alle Zweige des Buddhismus, im Osten wie im Westen, wurden von Dōgens Einfluss geprägt.

9 Zenmeister Wanshi Shōgaku. Eine Auswahl seiner Werke wurde herausgegeben von Taigen D. Leighton: *Das Kultivieren des leeren Feldes. Praxisanleitungen zur Schweigenden Erleuchtung von Zen-Meister Hongzhi Zhengjue (Wanshi Shôgaku, 1091–1157)*. Heidelberg (Kristkeitz) 2009.

Geboren in einer aristokratischen Familie, die enge Bindungen an den kaiserlichen Hof Japans hatte, studierte Dōgen zuerst auf dem Berg Hi'ei den Tendai-Buddhismus. Von der Tendai-Lehre unbefriedigt, reiste er zu Eisai, dem Gründer des Rinzai-Zen in Japan, um bei ihm zu lernen. Von der japanischen Rinzai-Lehre ebenfalls unbefriedigt, reiste Dōgen im Jahr 1223 nach China. Dort setzte er seine Studien des Rinzai-Zen bei verschiedenen Meistern fort. Da er aber das Gefühl hatte, dass die Lehre Buddhas und Bodhidharmas gänzlich verwässert und sogar teilweise verloren gegangen war, gab Dōgen seine Suche nach dem wahren Dharma schließlich auf und bereitete seine Rückreise vor.

Die Zenlehre befand sich in China und Japan zu dieser Zeit erneut in einem Zustand der Dekadenz und Verwirrung. Es gab damals fünf verschiedene Zenschulen: Sōtō, Unmon, Hōnen, Ōbaku und Rinzai, die alle zu den verschiedenen und sich oft widersprechenden Lehren beitrugen. Die Ōbaku-Schule pflegte zum Beispiel während des Zazen die Nenbutsu-Rezitation, die Rinzai-Schule (ein Ableger des Ōbaku) übte sich in Stock- und Faustschlägen sowie lauten Schreien, und während des Zazen selbst benutzte sie, wie auch noch heute, das systematische Studium der Kōan sowie die Kenshō-Methode, um durch das Betrachten des eigenen wahren Wesens Buddha zu werden.

Kurz bevor nun sein Schiff die Segel setzte, begegnete Dōgen dem Sōtō-Meister Tendō Nyojō. Nyojō war einer der wirklichen Meister der Überlieferung, und Dōgen blieb drei Jahre an seiner Seite. Im Jahr 1227, kurz vor seinem Tod, gab Meister Nyojō Dōgen das Shihō.

Dōgen kehrte noch im selben Jahr nach Japan zurück und brachte die reine und unverfälschte Lehre Buddhas und Bodhidharmas mit. Er brachte nur eines zurück: Shikantaza. Sitzen in Konzentration. Ohne Rezitation. Ohne Kenshō. Ohne Kōan. Ohne irgendetwas. Nur Sitzen. Mushotoku.[10]

Dōgen trat in der Nacht des 28. August 1253 ins Parinirvāna ein, während er den Mond betrachtete.

Die Linie der Überlieferung ging weiter, über bekannte japanische Meister wie Keizan, durch den die Sōtō-Schule die größte und

---

10 Ohne Streben nach Nutzen, ohne Ziel oder Objekt.

einflussreichste aller buddhistischen Schulen Japans wurde (und es bis auf den heutigen Tag geblieben ist), dann Daichi und Menzan bis hin zu Kōdō Sawaki.

Wie Meister Menzan, der für seine tiefen und detaillierten Kommentare zu Dōgens *Shōbōgenzō* und den 299 von Meister Daichi im 14. Jahrhundert verfassten Gedichten bekannt ist, ist auch Kōdō Sawaki für sein tiefes Verständnis des *Shōbōgenzō* berühmt. Er war selbstverständlich auch in Menzans umfangreichen Kommentaren gut bewandert.

Im Gegensatz zu den meisten anderen Meistern weigerte sich Kōdō Sawaki, die Klöster zu verwalten, die ihm zu seinen Lebzeiten angeboten wurden, und er ließ sich niemals in einem Tempel oder Dōjō nieder. Sogar nachdem er von seinem eigenen Meister Shihō empfangen hatte, blieb Kōdō Sawaki bis zum Schluss Unsui (wörtl. «Wolke und Wasser») – Wandermönch.

Kōdō Sawaki verlor noch als Kind beide Eltern und wurde zu einem strengen und brutalen Onkel in Pflege gegeben. Seine Jugend verbrachte er als Putzjunge in einem Bordell und als Aufseher an den Spieltischen. (Sein Onkel war Spieler und beauftragte den Jungen damit, unter seinen Kumpanen Falschspieler und Betrüger herauszufinden.)

Als der japanisch-chinesische Krieg begann, wurde der Junge sofort an die Front geschickt. Sein Onkel war der Meinung, dass der damals Vierzehnjährige mit seinem Tod seinem Vaterland Respekt erweisen solle und riet ihm, wenn er klug sei, besser nicht lebendig zurückzukommen.

Aber er bewährte sich als ein höchst fähiger Soldat, indem er sich in gefährliche Situationen wagte, um das Leben seiner Mitkämpfer zu retten, und so bekam er viele Ehrungen und wurde für seine hervorragenden Taten an der Front ausgezeichnet. Eines Tages jedoch wurde er nach einem Schuss in den Mund für tot erklärt und in eine Totengrube geworfen. Schwer verwundet und unfähig, sich zu bewegen (er wurde von dreißig Leichen, die über ihm lagen, fast erdrückt), lag er mehrere Tage unter faulenden Körpern. Als die Leichname eingeäschert werden sollten, wurde er entdeckt und gerettet und kehrte dann als Kriegsversehrter nach Japan zurück.

Gerade sechzehn Jahre alt, ohne Familie und Freunde, ohne Essen und Geld, nichts besitzend als Hemd und Hose, die an seinem Körper hingen, ging er zu Fuß zum Tempel Eiheiji. Es war eine lange und beschwerliche Reise; es dauerte vier Tage und vier Nächte, um dorthin zu gelangen. Die Mönche, die Kōdō Sawaki für einen Bettler hielten (seine Kleidung bestand nur noch aus Lumpen) und dachten, er sei geistesgestört (die Verletzung beeinträchtigte seine Sprache und machte es ihm schwer, sich mitzuteilen), weigerten sich, ihm Gehör zu schenken. Ohne sich dadurch entmutigen zu lassen, beharrte der Junge auf seiner Bitte, in den Tempel aufgenommen zu werden. Der Tempelvorsteher, durch die Beharrlichkeit des jungen Mannes gerührt, gewährte ihm schließlich Einlass. Dankbar dafür, dass man ihn aufgenommen hatte, behielt Kōdō Sawaki seinen Hunger für sich (er hatte schon seit Tagen nichts gegessen) und blieb weitere zwei Tage ohne Essen und Schlaf. Trotz des Mangels an Nahrung – er war schon am Verhungern – war er von solcher Freude erfüllt, dass er die Augen nicht schließen konnte, selbst wenn er es gewollt hätte.

Kōdō Sawaki wurde, wie der sechste Vorfahre im siebten Jahrhundert auch, zum Reisstampfen in die Küche geschickt und blieb einige Jahre im Eiheiji, bevor er auf Wanderschaft ging. In der Folgezeit traf er den Sōtō-Meister Kōhō-Rōshi, dessen Nachfolger er schließlich wurde.

Nachdem er von seinem Meister Shihō empfangen hatte, lebte Kōdō Sawaki in einer abgelegenen Einsiedelei. Er schlief kaum, um keine Zeit zu verlieren. Seine Tage verbrachte der Meister mit der Shikantaza-Praxis und die Nächte mit dem Studium des *Shōbōgenzō*. Als Nahrung dienten ihm Reis und Bohnen – ungekocht, um Zeit zu sparen.

Nachdem er auf diese Weise viele Jahre verbracht und es wie immer abgelehnt hatte, sich in einem Tempel oder einem Kloster niederzulassen, nahm Kōdō Sawaki wieder das Leben eines Wandermönchs auf. Von wenigen nahestehenden Schülern begleitet, unter ihnen Taisen Deshimaru, brachte der Meister die Lehre in abgelegene Gegenden Japans, in Städte wie in Fischerdörfer, in Universitäten wie in Gefängnisse.

1965, auf seinem Sterbebett, gab er Taisen Deshimaru das Kesa und das Shihō.

Heute stehen am Eingang der buddhistischen Universität von Komazawa zwei Statuen, eine Kōdō Sawaki darstellend, die andere Taisen Deshimaru.

Meister Taisen Deshimaru

1914 in der Präfektur Saga (Kyūshū) in einer alten Samurai-Familie geboren, wurde Deshimaru von seinem Großvater, der vor der Meiji-Restauration ein Samurai-Meister war, und von seiner Mutter, einer hingebungsvollen Anhängerin der buddhistischen Shinshū-Richtung, erzogen. Obwohl er im Gegensatz zu seinem Vorgänger Kōdō Sawaki eine glückliche Kindheit hatte, litt er doch schon in frühem Alter unter dieser vergänglichen Welt von Geburt und Tod. Nenbutsu, wie es seine Mutter praktizierte, füllte ihn nicht aus. Ebenso wenig sein anschließendes langes Studium der Bibel unter der Anleitung eines protestantischen Geistlichen. Deshimarus Kontakte zu Theologen und Priestern ließen ihn unbefriedigt, denn das Christentum, das zunächst seine volle Aufmerksamkeit auf sich gezogen hatte, schien sich ihm doch auf lange Sicht hoffnungslos in abstrakten poetischen Vorstellungen zu verlieren. Im Christentum vermisste er die Praxis, während er im Bildungssystem seiner Zeit (er studierte an der Universität von Yokohama) das Spirituelle vermisste. Auf seiner Suche nach einem Weg, der seinem Geist Frieden geben würde, ließ er vom Christentum ab und wandte sich wieder seiner eigenen Religion zu, dem Buddhadharma. So kam er in Berührung mit der Rinzai-Lehre. Da aber auch diese ihn nicht befriedigen konnte und seine Arbeit als Geschäftsmann ihn andererseits nicht ausfüllte, begab er sich auf ausgedehnte Reisen, die ihn schließlich zu dem Sōtō-Meister Kōdō Sawaki führten.

Als er zum ersten Mal die Einsiedelei des Meisters betrat, fand er Kōdō Sawaki in aufrechter Haltung auf einem Kissen sitzend, mit dem Rücken zur Tür. Als er seinen ersten Schock überwunden hatte – der Meister saß in der perfekten Haltung Buddhas, und allein das verschlug Deshimaru für einen Moment die Sprache –, redete er ihn an. Kōdō Sawaki gab keine Antwort und ließ Deshimaru unbeholfen an der Türschwelle stehen. Dieser wiederholte seine Worte und bekam wieder keine Antwort (wie Eka, als er sich zum ersten Mal an Bodhidharma wandte). Aber anders als Bodhidharma, der Eka zwei Tage lang ohne Antwort hatte stehen lassen, sagte Kōdō Sawaki schließlich: «Ich habe deinen Besuch mit Ungeduld erwartet.» Der Meister sprach dies, ohne sich umzudrehen, ohne die geringste Bewegung, ohne auch nur seine Augen vom Boden zu heben.

Von jener großen Freude erfüllt, die den erfasst, dessen Suche zu Ende ist und der einen wahren Meister gefunden hat, machte Deshimaru Gasshō und wurde im selben Augenblick Kōdō Sawakis Schüler.

Er folgte seinem Meister Schritt für Schritt und gab sich mit Körper und Geist der Shikantaza-Praxis hin. Nach dem Angriff Japans auf Pearl Harbour jedoch zwangen die Umstände den Schüler und seinen Meister, sich zu trennen.

«Wir werden sicherlich den Krieg verlieren», sagte Kōdō Sawaki bei ihrem Abschied. «Unsere Heimat wird zerstört werden, unser Volk vernichtet ... Dies könnte das letzte Mal sein, dass wir uns sehen. Wie auch immer, liebe alle Menschen ungeachtet ihrer Rasse oder Überzeugung.»

Deshimaru sollte auf eine gefährliche Mission in feindliche Gewässer geschickt werden. Der Meister wusste das, und so nahm er sein altes Rakusu (ein symbolisches Kesa, das man um den Hals auf der Brust trägt) und gab es seinem Schüler, zusammen mit seinem Notizheft, welches das *Shōdōka* enthielt. «Habe Glauben an die Dinge, die ich dir gegeben habe, und achte sie», sagte der Meister, «dann wirst du gutes Karma haben.»

Deshimaru sollte den Betrieb einer von den Japanern besetzten Kupfermine in Indonesien leiten. Er fuhr mit einem Konvoi von Frachtern und Kriegsschiffen los. Sobald sie jedoch außerhalb der von den Japanern kontrollierten Gewässer waren, starteten die U-Boote der US-Marine verheerende Angriffe und versenkten ein Schiff nach dem anderen. Deshimarus Frachter führte eine Dynamitladung mit sich, und jedes Mal, wenn ein Torpedo den Bug oder das Heck streifte, warfen sich die Besatzungsmitglieder, außer sich vor Angst, blindlings über Bord. Das Schiff befand sich jedoch in den Händen eines fähigen Kapitäns, und so saß Deshimaru auf dem Vorderdeck unter der Kommandobrücke im perfekten Lotossitz. Er saß, ruhig und gerade, auf einer Kiste Dynamit. Vierzig Tage später erreichte Deshimarus unbewaffneter Frachter den Mekong und ging vor Anker.

Von einem einundfünfzig Schiffe zählenden Konvoi erreichte nur seines das Ziel. Der Frachter trug übrigens den Namen «Das Höchste Gesetz Buddhas».

Auf der Insel Bangka in der Nähe der Küste Sumatras lehrte Deshimaru die chinesischen, indonesischen und europäischen Bewohner die Zazenpraxis. Jedoch betrübt und entsetzt von dem Benehmen seiner Landsleute (die japanischen Besatzungstruppen folterten und töteten wahllos viele der Einwohner), ergriff Deshimaru aktiv Partei für die Sache der Bewohner von Bangka. Als Widerstandskämpfer gegen die Kaiserliche Japanische Armee verhaftet, wurde Deshimaru ins Gefängnis geworfen. Trotz der Malaria, der unerträglichen Hitze, der Fliegen, des Drecks, des Mangels an Nahrung und Wasser und seiner bevorstehenden Hinrichtung saß er in seiner Zelle vor der Wand, mit dem Rakusu seines Meisters um den Hals.

Erst kurz vor der Massenexekution kam von den höchsten Militärs Japans ein Gnadenerlass und Deshimaru wurde, zusammen mit vielen anderen, die auf die Hinrichtung warteten, auf freien Fuß gesetzt. Das japanische Militärtribunal, das nach dem Krieg einberufen wurde, ordnete die Hinrichtung aller für die Bangka-Affäre Verantwortlichen an.

Nachdem er sich wieder von seiner lebensbedrohenden Malaria erholt hatte, schiffte sich Deshimaru wieder ein, diesmal zur Insel Billiton, wo er eine von den Holländern erbeutete Kupfermine leiten sollte. Kaum hatte das Schiff den Hafen verlassen, stürzten sich amerikanische Kampfflugzeuge darauf; ihre Kanonen erzielten Volltreffer, und Deshimaru, der in Shikantaza auf der Brücke saß, wurde aus dem sinkenden Schiff ins Meer geschleudert. Ganz allein, ohne Schwimmweste, eigentlich mit nichts außer dem alten Rakusu und dem Notizheft, trieb er einen Tag und eine Nacht lang dahin. Schließlich entdeckte ihn ein japanisches Patrouillenboot und brachte ihn in Sicherheit. Obwohl seine Kleider zerrissen und halb vernichtet waren, war das Rakusu unbeschädigt. Und die Notizen des Meisters, mit Tinte geschrieben, waren frisch und klar wie gerade erst geschrieben.

Als der Krieg schließlich zu Ende war, kam Deshimaru in amerikanische Kriegsgefangenschaft und wurde in ein Lager in Singapur gesteckt. Nach vielen Monaten schwerer Prüfungen (einziger Luxus der Gefangenen waren Cornedbeef-Rationen) wurde er mit den anderen zwanzigtausend japanischen Kriegsgefangenen des Lagers in seine Heimat zurückgeschickt.

Er ging zu seinem Meister und blieb bis zu dessen Tod vierzehn Jahre später an seiner Seite. Kurz bevor Kōdō Sawaki krank wurde, erhielt Deshimaru die Mönchsweihe, und als der Meister auf dem Sterbebett lag, übertrug er ihm Shihō, die Nachfolge. Als Beweis dafür gab er seinem Schüler das Kesa. So ging die Überlieferung und das Kesa von Buddha zu Buddha und von Vorfahre zu Vorfahre im Jahr 1965 schließlich von Meister Kōdō Sawaki auf Meister Taisen Deshimaru über.

«In Indien war die Buddhalehre zu Bodhidharmas Zeit in einem Zustand der Dekadenz», sagte der sterbende Kōdō Sawaki. «Deshalb beauftragte Bodhidharmas Meister seinen Schüler, die Lehre nach Osten zu bringen. Genauso ist jetzt der Buddhismus in Japan tot. Nimm also du, mein Erbe des Dharmas, der allein die wahre Lehre Buddhas kennt, diese mit in den Westen, damit die Buddhalehre dort wieder aufblühen kann. Alle, die Zazen praktizieren, sind meine Schüler.»

Nachdem er Kōdō Sawakis Schädel vor dem Dōjō vergraben hatte, saß Deshimaru neunundvierzig Tage lang unbeweglich in der perfekten Haltung Buddhas. Dann verließ er seine Heimat, um in den Westen zu gehen.

Von Buddha bis Bodhidharma vergingen 700 Jahre, von Bodhidharma bis Dōgen ebenfalls 700 Jahre, und von Dōgen bis Deshimaru weitere 700 Jahre.

Das Sommerlager in Val d'Isère

Das Sommerlager in Val d'Isère 1977 dauerte vom 25. Juli bis zum 31. August. Es war in vier Einheiten von jeweils acht Tagen aufgeteilt. Die einzelnen Abschnitte wurden von jeweils etwa 250 Personen besucht; so nahmen insgesamt etwa 1000 Menschen teil. Die Teilnehmer kamen aus Europa, Afrika, Japan und den USA. Einige der engsten Schüler Meister Deshimarus blieben die ganzen 38 Tage. Solche Sommertreffs gibt es seit 1972 regelmäßig.

Obgleich die Woche sanft beginnt, mit weniger Zazen und eher entspannenden Aktivitäten, bestehen die letzten drei Tage aus dem, was man ein *Sesshin* nennt[11], einer Zeit der konzentrierten und intensiven Zazenpraxis. Der Tagesablauf sieht etwa folgendermaßen aus: Wecken um 6.00 Uhr, von 6.30 bis 8.15 Uhr Zazen, dann Frühstück und Samu[12], 10 bis 12 Uhr Zazen, Mittagessen, Mittagsruhe, Samu, 16 bis 18 Uhr Zazen. Während des Sesshin findet gegen Ende des Nachmittagzazen ein Mondō statt – eine Fragestunde zwischen Meister und Schüler. Nach dem Abendessen wieder Zazen von 20.30 bis 21.30 Uhr. Während ungefähr drei Viertel der Zeiten, die der Zazenpraxis gewidmet sind, gibt der Meister Kusen[13].

Zazen, Atmung und Kinhin

ZAZEN · Die Haltung beim Zazen ist wie folgt: Man setzt sich auf die Mitte des *Zafu*[14] , das Gesäß wird nach hinten gedrückt, die Beine werden im Lotos oder Halblotos gekreuzt, die Knie fest auf den Boden gedrückt, sodass man absolut stabil sitzt. Das Becken ist auf natürliche und entspannte Weise nach vorn geneigt, die Wirbelsäule aufrecht und gestreckt. Auch der Nacken ist gerade und gestreckt, der Kopf aufrecht, die Nase befindet sich auf einer vertikalen Linie über dem Nabel, die Ohren über den Schultern. Das Kinn wird zurückgezogen, der Mund ist geschlossen, die Zunge berührt den Gaumen, die Augen sind halb geschlossen, der Blick ruht etwa einen Meter vor dem Körper auf dem Boden, ohne jedoch einen bestimmten Punkt zu fixieren. Die Schultern fallen entspannt nach unten, und die Hände, mit den Handflächen nach oben unterhalb

11 Wörtl. »den wahren Geist, d. h. die Buddhanatur berühren«.
12 Körperliche Arbeit wie zum Beispiel sauber machen, abwaschen, das Kusen des Meisters niederschreiben usw.
13 Die Unterweisung durch den Meister während der Zazenpraxis.
14 Ein rundes Sitzkissen mit Kapokfüllung.

des Nabels an den Bauch gelegt, ruhen auf den Füßen. Die linke Hand liegt in der rechten, die Daumen berühren einander leicht und bilden zusammen mit den Fingern etwa die Form eines Eies. Die Hände liegen somit direkt vor dem *Kikaitanden*, dem Zentrum, das sich etwa eine Handbreit unter dem Nabel befindet. In dieser Haltung, der wahren Haltung des Buddha Śākyamuni, ist man in Harmonie mit dem Universum.

ATMUNG · Die Ausatmung ist tief und lang, die Einatmung kurz. Man konzentriert sich zwar auf die Ausatmung, dennoch geschieht beides, Ausatmung wie Einatmung, unbewusst und natürlich. Die Eingeweide (das *hara*) werden beim Ausatmen nach unten gedrückt und massieren dadurch die inneren Organe und den Körper insgesamt. Die Atmung soll kontrolliert sein, was aber nicht heißt, dass man die Atmung kontrollieren soll. Denn Atmung geschieht nicht durch das Bewusstsein, sie wird vielmehr unbewusst vom Körper ausgeführt. «Man kann sagen, dass unser Atmen beim Zazen eine Handlung der Natur, eine Handlung des Kosmos ist», sagt der Meister. «Die Basis dieses Atmens ist sein Rhythmus. Es ist der Rhythmus der fundamentalen kosmischen Kraft.»

KINHIN · Kinhin ist nicht Stehen, nicht Gehen, nicht Laufen. Kinhin ist Zazen in Bewegung. Kinhin ist Zazen. Beide sind gleich. Der Geist ist der Gleiche, die Atmung ist die Gleiche. Die Wirbelsäule ist gerade, das Kinn zurückgezogen, der Nacken gestreckt, der Blick ist konzentriert. Der erste Schritt beginnt mit der ersten Ausatmung. In diesem Augenblick ist der Körper gespannt. Man macht einen halben Schritt vorwärts, tritt fest auf den Boden (insbesondere mit der Wurzel der großen Zehe) und streckt das Knie. Währenddessen atmet er immer noch aus, mit gespanntem Körper – nur das jeweils hintere Bein ist entspannt. Während der Einatmung ist der Körper entspannt. Also Ausatmung: Spannung, Einatmung: Entspannung. Da man Kinhin im «Gänsemarsch» praktiziert, ruht der Blick ungefähr in Höhe der Taille des Vorangehenden, und die Augen bewegen sich nicht. Man schaut ruhig und fest, aber fixiert nichts. Der Daumen der linken Hand liegt in der linken Faust, die wiederum von der rechten Hand umfasst wird. Die Hände werden kräftig gegen den Solarplexus gedrückt, direkt unter dem Brustbein. Die Handrücken zeigen nach oben, die Unterarme sind waagerecht, die Ellbogen zeigen nach außen. Kinhin löst das Zazen nach etwa einer halben Stunde ab und dauert ungefähr fünf bis acht Minuten.

Kinhin ist schwieriger als Zazen. Aber so kompliziert und verwirrend es auch sein mag, lernt es der Schüler doch unbewusst, automatisch und natürlich auszuführen.

Die Haltung beim Kinhin ist auch eine Grundstellung in allen Kampfkünsten. Kinhin ist überhaupt eine der vier Grundhaltungen des Körpers: Liegen, Stehen, Laufen und Sitzen.

*

Der folgende Text besteht ausschließlich aus Kusen, Mondō und anderem, was der Meister während der fünf Wochen des Sommerlagers im Dōjō in Val d'Isère sprach; das Buch ist der Aufteilung des Sommerlagers entsprechend in vier Teile gegliedert. Diese Texte sind nicht willkürlich aneinandergereiht, wie es bei vielen anderen Zentexten der Fall ist, sondern sie wurden in derselben Reihenfolge wiedergegeben, wie sie gesprochen wurden. Die Reden, vom Meister in gebrochenem English gesprochen, sind vom amerikanischen Herausgeber aufgezeichnet und in Umgangsenglisch übertragen worden. Somit ist dieses Buch nicht das Werk eines Zenschreibers oder eines buddhistischen Gelehrten, sondern vielmehr das Werk eines Schülers, der sechs Jahre lang täglich mit dem Meister Zazen praktizierte. Manche Worterklärungen wurden zur leichteren Verständlichkeit vom Herausgeber in Klammern oder Fußnoten beigefügt.

Während Zen sich normalerweise auf die Lehre von Kū konzentriert und keine Kommentare zum Karma gibt, konzentriert sich Nenbutsu[15] auf die Lehre vom Karma und gibt keine Kommentare zu Kū. Aus diesem Grund sollte hervorgehoben werden, dass die Unterweisungen in diesem Text, die vorwiegend vom Karma handeln, eine historisch bedeutsame Lehre darstellen.

P. C.

---

15 Der Amida-Buddhismus, mit Sōtō-Zen eine der beiden Hauptschulen des Buddhismus in Japan.

I

25. Juli, 10.00 Uhr

Kusen
Im *Fukanzazengi* von Meister Dōgen heißt es: «Denkt *hishiryō* –
aus dem tiefen Nicht-Denken heraus. Wie kann man aus dem tiefen
Nicht-Denken heraus denken? Es ist jenseits des Denkens. Das ist
die wesentliche Kunst des Zazen.»

Hishiryō schließt alles ein, alles, was existiert, das Gute und das
Böse, das Relative und das Absolute, das Rationale und das Irratio-
nale. Hishiryō ist nicht ichbezogen. Es ist kosmisches Denken.

Wie nun auch die moderne Physik erkannt hat, ist die kosmische
Ordnung nicht bloß rational. Bekannte Physiker stimmen inzwischen darin überein, dass die kosmische Ordnung manchmal zerstört, manchmal erschafft. Manchmal zum Guten, manchmal zum
Schlechten. Dass es nämlich alle Widersprüche einschließt. Und
wenn Sie der kosmischen Ordnung nicht folgen, wird Ihr Leben
schwierig.

Beim Zazen können Sie *hishiryō* werden – automatisch, unbewusst und natürlich.

27. Juli, 16.00 Uhr

Kusen
Wir müssen verstehen, dass die Beziehung zwischen der fundamentalen kosmischen Kraft und unserer persönlichen, subjektiven Existenz die grundlegende Quelle des Karmas ist.

Die fundamentale kosmische Kraft hat keinen Anfang und kein
Ende. Sie ist jenseits von Zeit und Raum. Dies hat nichts mit persönlicher Entscheidung zu tun, da diese Kraft die Menschen von außen
lenkt. Sogar wenn wir uns einbilden, wir seien dank unserer eigenen
Willenskraft völlig frei, so ist dem doch nicht so. Man kann sich vom
kosmischen Leben niemals trennen. Selbst die Willenskraft wird
durch diese fundamentale kosmische Kraft verwirklicht.

Manchmal lenkt uns das Vorderhirn – der Ego-Wille, das Ego-
Denken. Andere Male führt uns die fundamentale kosmische Kraft.
Wenn unser Wille der kosmischen Kraft entgegensteht, haften wir

an unseren persönlichen *Bonnō*[16]. Dann erscheint unsere Körper-Handlung, unser Körper-Karma sowie unser persönliches Bewusstsein, wir werden von unserem persönlichen Willen regiert, von den Bonnō in unserem Innern. Dies nennt man im Buddhismus Māna-Bewusstsein.

Die europäische und die östliche Philosophie interpretieren Leidenschaft und Bonnō auf verschiedene Weise. In *Die Leidenschaften der Seele* von 1645 trennte Descartes die Leidenschaft von der Vernunft und ferner diese beiden vom Körper. Leidenschaft, schrieb Descartes, entsteht aus einem Zustand der Überraschung, der Bewunderung, aus etwas außerhalb des Körpers. Die Philosophie des Ostens besagt, dass Leidenschaften (die Bonnō) im Körper entstehen. Der Buddhismus betrachtet die Bonnō als etwas, was aus Ignoranz, dem Geist der Unwissenheit, entsteht.

28. Juli, 6.30 Uhr

Kusen
Wenn der Makrokosmos und der Mikrokosmos sich in unserem Körper und insbesondere in unserem Gehirn harmonisieren, können wir die große Energie des Makrokosmos empfangen. In diesem Augenblick, hier in diesem Dōjō, tritt die Energie des Makrokosmos in den Mikrokosmos ein. Durch Zazen können wir diese Energie empfangen, die nicht bloße Kraft ist, sondern die Energie der Unendlichkeit. Diese Energie, von der ich jetzt spreche, ist sowohl spirituelle als auch materielle Kraft. Sie besitzt die Kraft sowohl zur Harmonie als auch zur Zerstörung. Der Kosmos selbst umschließt diese beiden entgegengesetzten und einander widersprechenden Kräfte.

Heute beginnt das erste Sesshin, und Sie werden während der nächsten beiden Tage sicherlich in der Lage sein, diese kosmische Kraft zu empfangen. Besonders in diesem Dōjō, inmitten der herrlichen Berge, beim Rauschen des Flusses, der an diesem Haus vorbeifließt.

Meister Dōgen erläutert im Kapitel *Keisei sanshiki* des *Shōbōgenzō* ein Gedicht So Tōbas:

---

16 Wörtl. «lästige Leidenschaften», «Verlangen», «Illusionen».

Die Stimme des Tales ist Buddhas weite und lange Zunge,
die Form der Berge nichts anderes als sein reiner Körper.

So Tōba, ein berühmter Bodhisattva und großer Dichter im alten China, erlangte Satori[17] durch das *Keisei sanshiki. Kei* (jap. *ei* wird wie ein langes E gesprochen) bedeutet «Tal», *sei* ist «der Klang», und *sanshiki* ist «die Farbe der Berge». So geht das Gedicht weiter:

Vierundachtzigtausend Verse klingen in der Nacht –
wie kann ich dies an einem anderen Tag den Menschen sagen?

«Wie kann ich solch einen religiösen Eindruck beschreiben?» *Val d'Isère* bedeutet «der Fluss im Tal». Ein guter Name für Zazen.

28. Juli, 10.00 Uhr

Kusen
Weiter zum Thema Leidenschaft und Bonnō.

In der Philosophie Descartes' sind Leidenschaft und Vernunft getrennt. Im Buddhismus sind beide Bonnō. Der Intellekt ist ebenfalls Bonnō. In einigen Sūtras wird gesagt, dass der Mensch im Verlauf eines Tages bis zu 800 Millionen Bonnō denkt. Jeder Gedanke erzeugt Karma, und dieses führt Sie in Naraka[18]. Descartes beschäftigte sich mit dem Problem der Anhaftung. Er schrieb, dass der Anhaftung ein Ende gesetzt würde, wenn das Ego einmal aufgegeben sei. Das ist alles, was er dazu zu sagen hatte. Descartes beschrieb das Verlangen und auch Methoden, die dessen negative Aspekte heilen. Zazen erwähnte er nicht. Er benutzte wissenschaftliches, intellektuelles Denken, und deshalb behandelte er das Verlangen als vom Körper getrennt. Descartes hat Geist und Körper immer getrennt. Vom Denken des Körpers wusste er nichts.

Wenn wir Zazen praktizieren, können wir unsere negativen Wünsche unbewusst, natürlich und automatisch beherrschen. Descartes schrieb, dass man gegen das Schicksal nicht ankämpfen könne – er war Fatalist. Westliche Philosophien und Religionen, die westliche

17 Die Erweckung, das Erwachen, die Rückkehr zum ursprünglichen Geist.
18 Die buddhistische «Hölle».

Moral, handeln von gut und schlecht, von links und rechts. Das ist alles sehr schlimm; es schafft viele «Ismen».

Im Zen kann Gutes zu Schlechtem werden und Schlechtes zu Gutem. Zen umfasst alle Widersprüche. Die kosmische Ordnung selbst ist widersprüchlich. Selbst die Wissenschaft heute bestätigt dies, doch das westliche Denken bleibt weiterhin dualistisch.

Durch Zazen können wir unsere Bonnō klar und tief sehen. Zen schaut immer in unseren eigenen Geist. So können wir durch Zazen unseren Geist analysieren, verstehen und über ihn hinausgehen. Wir können unseren Geist objektiv betrachten, wie in einem Spiegel.

Wir können unsere Bonnō objektiv sehen. Das ist keine Einbildung; es ist Denken / Nicht-Denken. Wir können unsere Bonnō wie in einem Spiegel sehen. Lassen Sie sie vorbeiziehen, vorbeiziehen, und bald sind sie verschwunden.

Das Hishiryō-Bewusstsein ist der Spiegel.

28. Juli, 16.00 Uhr

Kusen

Ich habe Bücher über den Buddhismus gelesen, die von verschiedenen Professoren in Japan und in den USA geschrieben wurden. Nicht so gut. Sie handeln nur von Mitgefühl und Karma. In einigen dieser Arbeiten gibt es jedoch interessante Stellen.

Van Meter Ames, ein amerikanischer Professor an der Universität von Cincinatti, schreibt in seinem Buch *Zen And American Thought*, dass «Meditation offensichtlich nicht ganz das richtige Wort ist, da es die Vorstellung von Denken erweckt.»

Der Autor hat keine Erfahrung mit Zazen. Er hat Professor D. T. Suzuki und Alan Watts gelesen und wurde von diesen beeinflusst – deshalb ist seine Aussage nicht so tief. Er versteht Zazen nicht, schreibt aber darüber. Es ist aber trotzdem interessant. Der Autor führt weiter aus: «Denn dies passt nicht auf den nicht-denkenden Zenzustand, den der Schwertkämpfer, der Jūdō- oder Karatekämpfer oder der Sumō-Ringer brauchen, die alle frei von Zweck und Absicht sein müssen – wachsam, nicht festgelegt, sondern zu allem bereit. Würde einer von ihnen über seine nächste Bewegung nachdenken, wäre es verheerend für ihn. Er darf nicht an die Zukunft denken, bevor sie kommt oder an die Vergangenheit, die verflossen ist. Er muss völlig in der Gegenwart verwurzelt sein.» Dann sagt er: «Zazen ist eine sich selbst genügende Angelegenheit ohne Absicht oder Ziel.» Das ist wahr. Er versteht Zen.

Eine andere Stelle: «Der große Unterschied zwischen Zen und dem westlichen Denken ist, dass Zen vorwissenschaftlich ist, während die moderne Wissenschaft im Westen eine zentrale Stellung einnimmt. Trotzdem lehnte Zen, ohne eine Wissenschaft zu sein, sogar im abergläubischen Mittelalter das Übernatürliche des traditionellen Buddhismus völlig ab und setzte sich mit dem Leben unzweideutig auf der natürlichen Ebene auseinander ... Das Chaos und die Krise, in die die westlichen Menschen geraten sind, können sie überwinden, indem sie erkennen, dass sie, wenn auch ohne gänzliche Sicherheit ...»

Amerikanisches Zen. Sehr schwierig. Sehr kompliziert. Schwer zu verstehen.

«... wenn auch ohne gänzliche Sicherheit, in der Wissenschaft und ihrem Verfahren von Hypothese und Versuch eine zuverlässige Methode haben ... Der Mensch des Westens kann nicht in vorwissenschaftliche Zeiten zurückkehren, er kann jedoch vorangehen zu einem feinfühligeren Gebrauch der Wissenschaft im Sinn des Zen, für das Allgemeinwohl, jenseits der Verlockungen von Gier und Gewinn.»

Die Professoren betrachten Zen stets objektiv, von außen, und so können sie es niemals wirklich verstehen. Was ist Feuer? Die Farbe der Flamme sagt nicht viel über das Feuer aus. Um das Feuer kennen zu lernen, müssen Sie es berühren. Was ist mein Glücklichsein? Meine Bonnō? Mein Karma? All das versteht man subjektiv selbst. Zazen ist ein subjektives Problem, nicht ein objektives.

Wer Kyōsaku[19] bekommen will, kann sich jetzt melden!

---

19 Ein Kyōsaku ist ein flacher Stock, mit dem der Meister oder sein Assistent die Schüler auf die Schultermuskulatur in der Nähe des Nackens schlägt, auch bekannt als «der Stock, der das Satori fördert» oder «Stock der Erweckung».

Kusen

Kusen über die Beziehung zwischen Karma und Bonnō.

Was ist Körper-Handlung? Es ist Körper-Karma. Was ist Stimme-Handlung? Es ist das Karma des Bewusstseins. Diese beiden Arten von Karma/Handlung – diejenige des Körpers und die der Stimme – werden durch unsere Bonnō beeinflusst. Wenn wir uns durch den Körper oder die Stimme ausdrücken, sind diese Artikulationen ein Zeichen des durch den Willen erzeugten Verlangens. Es sind Bonnō.

Bonnō an sich sind weder nur schlecht noch sind sie nur gut. Im Buddhismus gibt es bezüglich der Bonnō weder Kategorien noch Urteile oder Morallehren. Bonnō sind einfach «Beschmutzungen».

Das steht ganz im Gegensatz zu dem christlichen Gedanken der Reinheit. Im Christentum ist Reinheit gut und das Böse schlecht. Im Buddhismus gibt es solche Kategorien nicht. Dies ist ein wichtiger Punkt: Gut und schlecht sind vom Menschen geschaffene Namen, somit sind sie austauschbar; das Gute kann zum Schlechten werden und das Schlechte zum Guten, durch Zeit, Ort und Sitten bedingt. Es gibt kein absolutes Gutes, kein absolutes Schlechtes. Es kann unangenehm sein, auf Steinen zu laufen. Aber wenn Sie Dichter sind, kann es angenehm sein, sie zu betrachten. Der Stein selbst ist jedoch weder gut noch schlecht. Ein Stein ist ein Stein; er wird nicht zur Person.

Reinheit und Schmutz stehen einzig und allein zur Existenz in Beziehung. Mit einem Bonnō ist es das Gleiche. So ist die Bedeutung eines Bonnō abhängig vom buddhistischen Denken über Psychologie und Verlangen. Begierde ist Beschmutzung. Der Wille ebenso. Der Wille selbst ist Schmutz in seiner ursprünglichen Natur.

Aus dieser Anschauung entstehen mehrere Probleme. Erstens: Da Schmutz Schmutz ist, kann er nicht rein werden. Zweitens: Wie kann also dieser Schmutz rein werden? Drittens: Kann Schmutz überhaupt rein werden? Viertens: Schmutz und Reinheit sind beide Kū – darüber hinausgehend

Das Problem der guten und schlechten Bonnō kann in Abhängigkeit vom Jahrhundert, der Umgebung und dem Einzelnen gelöst werden. Es kann jedoch, ebenso wie das Problem des Schmutzes und der Reinheit, nicht durch persönliche Alternativen oder die Zeit gelöst werden. Weil es nämlich jenseits der Zeit und sogar jenseits von objektiven Gesetzen liegt. Wenn wir es abschneiden, wegwerfen, ja sogar wenn wir die Existenz selbst verändern, wird das Problem immer noch nicht gelöst.

Handlung, oder Karma, ist die Verwirklichung der fundamentalen kosmischen Kraft im Menschen. Wird diese Substanz der Handlung oder des Karmas eins mit dem Willen, ist der Ursprung allen Handelns gelöst. Diese fundamentale kosmische Kraft kann innerhalb der Grenzen unseres persönlichen Willens verwirklicht werden – durch Zazen.

Ist dies einmal realisiert, wird also unser Wille durch diese kosmische Kraft geführt, dann handelt es sich nicht mehr um unsere persönliche Willenskraft, sondern vielmehr um Hishiryō-Bewusstsein. Hishiryō erscheint unbewusst, natürlich, automatisch.

29. Juli, 10.00 Uhr

Kusen
Kusen über Samsāra[20], Seelenwanderung und Reinkarnation.

Seit Urzeiten machen sich die Menschen alle Arten von Gedanken über den Tod. Heutzutage beschäftigt sich niemand gründlich mit dieser Frage, insbesondere die Jugend nicht. Das Leben ist für die Jugend interessanter als der Tod, und so äußert sie sich nicht zum Tod. Sie glaubt nur an das Leben. Dieses Problem «Tod – und danach» interessiert sie nicht. Und selbst wenn dieses Problem die jungen Leute interessieren würde, könnte ihr Geist – ein intellektueller, durch gängige methodologische Grundsätze bestärkter Geist – niemals befriedigt werden.

Wenn wir über unser Ego nachdenken, entsteht die Verbindung zwischen dem Leben und dem, was nach dem Tod kommt. Ist unser Leben wirklich? Hat es wirklich eine Bedeutung? Nur wenn wir in dieser Weise Überlegungen anstellen, wird die Frage von Leben und Tod bedeutsam.

---

20 Der Kreislauf von Geburt und Tod, der Bereich der Relativität, die Welt der Unwissenheit und Täuschung.

Wenn wir dem Essen, dem Sex und dergleichen nachlaufen (wenn wir durch die Gesellschaft gesteuert werden), haben wir keine Zeit, über uns selbst nachzudenken. Unser Selbst-Bewusstsein ist nicht stark genug, um uns über uns und den Tod nachdenken zu lassen.

Wir müssen erwachen.

Zu dem Problem «Tod – und danach» mögen manche bemerken, dass man zuerst einmal sterben muss, um darüber etwas sagen zu können. Und damit ist es für sie abgetan. Es ist einfach, so zu sprechen, aber den Tod zu akzeptieren, ist nicht so einfach. Das bedeutet nämlich lange und tiefe Erfahrung und Überlegung. Entscheidend ist aber nicht die Menge der Erfahrungen, sondern ihre Intensität.

Solche Überlegungen macht man nicht für andere, sondern für sich selbst. Sie können weder durch wissenschaftliches Studium noch durch methodologische Lehren, objektive Bestätigung, objektive Berichte oder objektive religiöse Erfahrungen gelöst werden.

Diejenigen, die durch religiöse Methoden – unbewusst, natürlich und automatisch – Satori erreichen, haben Schwierigkeiten, diese Erfahrung anderen zu vermitteln. Wer es hat, kann Ihnen nur sagen, dass Sie es selbst erfahren müssen, dass Sie es selbst praktizieren müssen.

Die richtige Methode, einen Unglücklichen zu verstehen, ist nicht, seine Probleme objektiv zu verstehen. Unglücklich zu werden und mit ihm zusammen zu leiden, das ist die Methode. Wenn wir nicht die gleiche Erfahrung machen wie der andere, können wir ihm nicht helfen.

So kann das Problem des Samsāras, der Transmigration und der Reinkarnation allein durch tiefes Nachdenken über den Tod gelöst werden. Es hängt von subjektiven Gefühlen ab. Tiefes Verständnis hängt von den Überlegungen jedes Einzelnen ab.

Jetzt, hier in diesem Dōjō, empfangen wir die fundamentale kosmische Kraft. Wir erhalten sie intensiv. Mit einem einzelnen Zweig im Kamin ist das Feuer schwach. Je mehr Zweige, desto kräftiger das Feuer. Jeder von Ihnen hat eine gute Haltung. – das Ego wird unbewusst, automatisch und natürlich aufgegeben.

30. Juli, 6.30 Uhr

Kusen

Unser Geist selbst ist völlig rein. Wenn wir denken, wird der Geist kompliziert. Lassen Sie Ihre Gedanken also vorbeiziehen, vorbeiziehen ... und es entsteht keine Anhaftung. Manchmal müssen wir die Zweige abschneiden – dann können wir zur Wurzel zurückkehren und auf diese Weise stark werden. Es ist nicht nötig zu haften. Im *Shōdōka* heißt es, dass man weder die Blätter noch die Zweige suchen darf; man muss zu den Wurzeln zurückkehren. Zazen bedeutet, zu den Wurzeln zurückzukehren. Das *Shinjinmei*, das *Sandōkai*, das *Hōkyō Zanmai* und das *Shōdōka* sind die ältesten Zentexte. In allen Zentempeln rezitiert man das *Sandōkai* und das *Hōkyō Zanmai* immer gemeinsam. Da Sie diese Texte jedoch nicht kennen, werden Narita-Rōshi[21] und ich sie jetzt für Sie rezitieren ...

30. Juli, 10.00 Uhr

Kusen

Ich setze das Kusen über Samsāra, Transmigration und Reinkarnation fort.

Um die Bedeutung von Samsāra tief zu verstehen, dürfen wir uns auf nichts anderes als auf unsere tiefen, subjektiven Gefühle verlassen. Im Buddhismus hängt dieses Verständnis ausschließlich von jedem Einzelnen ab.

In manchen Sūtras wird Samsāra verneint; in anderen Sūtras wiederum wird es bestätigt.

In dem Sūtra, welches das Gespräch zwischen dem griechischen König Milinda und dem Bodhisattva[22] Nagasena enthält, steht Folgendes geschrieben:

«Was ist Samsāra?», fragte König Milinda.

21 Ebenfalls Schüler von Kōdō Sawaki, der eigens nach Val d'Isère kam, um Meister Deshimaru zu treffen.
22 «Lebender Buddha».

«O, großer König», antwortete der Bodhisattva Nagasena, «wir leben hier und sterben, leben und sterben, leben und sterben. Das ist Samsāra, großer König.»

«Das verstehe ich nicht. Erkläre es mir genauer.»

«Samsāra ist wie ein Mango-Samen», antwortete der Bodhisattva Nagasena. «Wir essen die Mangofrucht, und der große Mangobaum trägt mehr Früchte. Je mehr Früchte gegessen werden, desto mehr Samen werden gepflanzt, und aus diesen Samen wächst ein anderer mächtiger Mangobaum, und der gibt mehr Früchte und mehr Samen. So, großer König, leben und sterben wir, leben und sterben wir. Das ist Samsāra.»

In einem anderen Sūtra verneint der Bodhisattva Nagasena Samsāra:

«Was heißt es, in der nächsten Welt geboren zu werden?», fragte der König.

«Nach dem Tod wird der Name, der Geist und der Körper nicht wiedergeboren», antwortete Nagasena.

«Was ist dann unser Name, Geist und Körper nach dem Tod?», fragte der König.

«Unser Name, Geist und Körper sind nicht die Gleichen. Sie sind Karma, und wegen dieses Karma wird ein anderer Name, Geist und Körper geboren.»

Durch dieses Sūtra kann man die Bedeutung des Wiedererscheinens von Leben und Tod verstehen. Es ist nicht ein Wiedererscheinen von Name, Geist und Körper. Diese sind bloße Formen. Nur unser Karma erscheint wieder. Nach dem Tod bleibt nichts übrig außer der Handlung des Karmas.

Die fundamentale kosmische Kraft verwirklicht sich in der Wiederholung von Leben und Tod. Trotz dieser Tatsache sollte diese Kraft durch unseren eigenen persönlichen Willen verwirklicht werden; sie sollte durch Geist und Körper verwirklicht werden.

Unser Geist und unser Körper haben keine Substanz, kein Numen. Das ist die Lehre der buddhistischen Philosophie. Dass es kein Numen gibt, bedeutet, dass wir durch die Kraft der kosmischen Ordnung leben. Wir bewegen und entwickeln uns durch unsere Handlungen, durch unser Karma – das heißt, durch unsere Sprache, durch unseren Körper und unseren Geist, unser Bewusstsein. Wenn wir uns selbst aufgeben, wenn wir uns lösen, wenn wir in unserem Geist kein Bewusstsein nähren, folgen unser Körper und unser Geist der kosmischen Ordnung. Und so erreichen wir ganz und gar die kosmische Ordnung. Zazen ist die beste Methode, die kosmische Energie zu empfangen.

Meister Dōgen sagte, dass die Buddhalehre zu studieren das Studium seiner selbst bedeutet. Und sich selbst zu studieren bedeutet, sich selbst aufzugeben und zu vergessen. Das zu tun ist sehr schwierig. Durch Zazen ist es jedoch möglich.

Wenn wir Schmerzen haben, vergessen wir das Ego. Wenn wir uns auf unseren Schmerz konzentrieren, wird er schlimmer. Sie müssen sich also auf die Haltung der Hände und des Körpers konzentrieren. Das Kinn zurückziehen, die Wirbelsäule strecken.

Manpō ist sehr wichtig – *man* bedeutet «alles», *hō* oder hier *pō* ausgesprochen ist «Existenz, Wesen», *manpō* ist daher «der gesamte Kosmos». Um erleuchtet zu sein, müssen wir die Bestätigung durch den ganzen Kosmos erhalten. Wenn wir das Ego aufgeben, wenn wir es vergessen, werden wir selbst zum gesamten Kosmos. Körper und Geist werden es.

Datsuraku – aufgeben und wegwerfen. Das ist wie eine Umwandlung unseres Körpers und unseres Geistes. Wenn sie sich ereignet, werden unser Körper und unser Geist der ganze Kosmos. Das ist Zazen.

[Hier endet das erste Sesshin. Die Teilnehmer reisen ab. Während des darauffolgenden Tages treffen andere ein, etwa zweihundert. Einige der engeren Schüler des Meisters bleiben die ganzen fünf Wochen über.]

2

1. August, 7.30 Uhr

Kusen

Zazenpraxis ist der Prozess des mit sich selbst Vertrautwerdens. Man schaut nicht außerhalb seiner selbst. Beim Zazen ist es notwendig, dass Sie sich auf Ihre Haltung konzentrieren; Sie müssen jedoch den Körper vergessen. Das ist ein Kōan. Wir müssen in uns hineinschauen, in unseren Geist. Wir müssen unseren Geist beobachten.

Im *Fukanzazengi* schreibt Meister Dōgen, dass wir nicht-denkend denken sollen. Das heißt, wir müssen vom tiefen Nicht-Denken aus denken. «Denkt nicht-denkend», sagt Meister Dōgen. Nicht-denkend denken – wie geht das? Wie nicht-denkt man denkend? Das ist Hishiryō.

Hishiryō ist absolutes Denken. In Begriffen der zeitgenössischen Physik bedeutet das, den Denkprozess, der sich in unserem Vorderhirn abspielt, anzuhalten und stattdessen mit dem Körper zu denken. Das heißt, den Denkprozess unseres persönlichen, unseres Ich-Bewusstseins anzuhalten. Wenn aber persönliche Gedanken erscheinen, muss man sie nicht anhalten. Beobachten Sie sie nur, wie in einem Traum.

Beim Zazen wird Ihr Geist wie ein Spiegel. Wenn Ihr unterbewusster Geist erscheint, so erscheint er wie in diesem Spiegel. Und so können Sie ihn objektiv beobachten. Subjektive Gedanken, die im Geist erscheinen, sind bloßes Erscheinen von schlechtem Karma und Bonnō. Wenn diese also auftauchen, so lassen Sie sie vorbeiziehen, wie in einem Spiegel. Ein Spiegel an sich ist nicht schlecht.

Hier ein Gedicht mit dem Titel *Zazen* von Meister Dōgen:

Ohne Trübung
im Wasser des Geistes,
klar ist der Mond.
Sogar die Wellen
brechen sich an ihm
Und werden zu Licht.

Zen ist Zazen, und dieses ist Shikantaza. Shikantaza ist die Essenz des Zen. Sogar wenn Sie mehr als tausend Bücher und buddhistische

Sūtras lesen würden, ohne Zazen würden Sie sie nicht erfassen. Es wäre so, als ob man einen Apfel auf ein Stück Papier malt.

Heute beginnt der zweite Teil des Sommerlagers. Nach dem morgendlichen Zazen wird das Kaijō[23] geschlagen. Diese Trommel zeigt die Uhrzeit an. In den großen Tempeln Japans, wie z. B. im Eiheiji, wird die Uhrzeit durch die große Glocke angezeigt. Dann wird in immer kleiner werdenden Abständen das Han[24] geschlagen, drei Mal. Zu Beginn der dritten Schlagfolge schlägt der Tenzo[25] das große Kaijō in der Küche. Danach legen wir unsere Rakusu auf den Kopf und rezitieren, die Hände in Gasshō, das Kesa-Sūtra. Dann beendet der Kyōsaku-Assistent[26] das Zazen durch einen Glockenschlag, wir drehen uns um, und die Zeremonie kann beginnen. Wir rezitieren das *Hannya Shingyō*.

1. August, 16.30 Uhr

Kusen

Was ist Satori? ... Man braucht Satori nicht zu suchen. Praktizieren Sie Zazen; Zazen selbst ist Satori.

Durch Ihre Zazenhaltung können Sie sich mit dem Kosmos, mit der Natur harmonisieren. Sie können in Einheit mit ihr sein. In der modernen Zivilisation gehen die meisten Menschen in eine der Natur entgegengesetzte Richtung. Nicht nur in ihrem täglichen Leben, sondern auch in ihrem Denken. Die meisten Menschen sind immer mit Rechnen beschäftigt, ständig laufen sie dem Sex, dem Geld und dem Essen nach. Und diejenigen, die nicht auf diese Weise handeln, geben sich damit doch in ihrem Geist ab. Es ist Bestandteil ihres Geistes.

Was ist wahre Liebe? Die Liebe der meisten Menschen ist egoistisch. «Ich helfe den Frauen – ich bin ein Bodhisattva» – das ist egoistisch. Ein Bodhisattva ist jemand, der das Ego völlig aufgegeben hat, um sich anderen zu widmen.

23 Die Trommel, die das Ende des Zazen und den Beginn des Arbeitstages anzeigt.
24 Ein Holzbrett.
25 Der Chefkoch eines Tempels.
26 Ein älterer Mönch, der anstelle des Meisters Kyōsaku gibt.

Alle Erscheinungen unseres Lebens werden zur Wahrheit, zum *Genjōkōan* Meister Dōgens – *genjō* bedeutet «alle Erscheinungen», *kōan* bedeutet hier die «Wahrheit», den «Dharma». Die Buddhalehre zu studieren bedeutet, sein Ego zu studieren. Sein Ego zu studieren bedeutet, es zu vergessen. Das Ego zu vergessen bedeutet Zazen. In der exakten Zazenhaltung können Sie sich selbst – natürlich, unbewusst und automatisch – vergessen.

Das Ego zu vergessen bedeutet, durch den ganzen Kosmos bestätigt zu werden, durch alle Existenzen. Wir müssen verstehen, dass, wenn man das Ego vergisst, der ganze Kosmos, alle Existenzen, zum Ego werden. Wenn wir das Ego vergessen, kehrt das ganze Ego in den Kosmos zurück. Wenn wir sterben, betreten wir den Sarg – und in diesem Augenblick können wir in den Kosmos zurückkehren. Unser Körper und unser Geist können in diesem Augenblick in den Kosmos eingehen. Genauso ist es mit Zazen: Wir können in den Kosmos zurückkehren.

[Während der Meister spricht, wird jemand vom Kyōsaku-Assistenten aus dem Dōjō geführt.]

Menschen, die irgendeine Krankheit haben, und besonders diejenigen mit kranken Nerven, spüren beim Zazen eine starke Reaktion. Aber das macht nichts. Es ist das Zazen. Zazen ist sehr stark.

2. August, 21.00 Uhr

Alle, die Sōtō-Zen praktizieren, müssen erst einmal das *Fukanzazengi* verstehen. Als ich meinen Meister Kōdō Sawaki zum ersten Mal traf, gab er mir eine Abschrift davon. Es war für mich sehr schwierig, diesen altjapanischen Text zu verstehen.

Ich werde jetzt mit Narita-Rōshi das *Fukanzazengi* rezitieren.

Das *Fukanzazengi* wurde von Meister Dōgen geschrieben, während er im Tempel Kōshōji in Kyōto weilte. Bis zu diesem Zeitpunkt war Frauen der Zugang zu den buddhistischen Tempeln nicht gestattet. Dōgen jedoch machte den Tempel Kōshōji Männern wie Frauen gleichermaßen zugänglich, und so kamen Frauen aus ganz Japan dorthin, um Zazen zu praktizieren.

Fukan heißt «(Zazen) bei allen Menschen verbreiten». *Zazengi* sind die Regeln des Zazen: wie man Zazen praktiziert, wie man beim

Zazen denkt, wie man atmet und wie man die korrekte Haltung einnimmt.

Wir werden es jetzt rezitieren.

3. August, 7.30 Uhr

Heute Vormittag werden uns Narita-Rōshi und Herr Fukuda[27] wieder verlassen. Narita-Rōshi kehrt zu seinen Schülern nach Japan zurück und Herr Fukuda in sein Dōjō nach London. Ich danke beiden herzlich für Ihren Besuch hier in Val d'Isère. Ich möchte besonders Narita-Rōshi meinen Dank aussprechen. Er hat in seinem Tempel in Japan viel zu tun, und viele Schüler warten auf seine Rückkehr. Trotzdem verbrachte er so viel Zeit mit uns und lehrte uns viele Dinge.

Narita-Rōshi möchte mir nach diesem Zazen sein großes Kesa, das er jetzt trägt, übergeben. Auf die Aufbewahrungstasche schrieb er Folgendes:

«Die absolute Essenz des wahren Kesa. Dieses Kesa aus dem Tempel Tōdenji in Akita, Japan, ist das wahre große Kesa aus fünfundzwanzig Bahnen[28] und von der gelbroten Farbe der Magnolie (*mokuren*). Nachdem es siebenundzwanzig Mal weitergegeben wurde von Meister zu Meister, wurde es dem Tempel übergeben von Kōdō Sawaki; ich, Narita, bin der achtundzwanzigste Besitzer. Dieses Kesa ist ein Tempelschatz und wurde deshalb streng gehütet.

Dieses Kesa, welches mir durch Kōdō Sawaki überliefert wurde, ich überreiche es Ihnen jetzt in diesem Augenblick. Ich übergebe es Ihnen, Taisen Deshimaru. Dieses Kesa ist die wahre Essenz des Zen, das wahre *Shōbōgenzō*, der wahre Dharma. Deshalb: Geben Sie es weiter, übermitteln Sie dieses Zen der ganzen Menschheit.

Ich möchte dieses Kesa preisen und es Ihnen und Ihrer Mission, allen Menschen in Europa und der ganzen Welt widmen. Möge es das Zen Meister Dōgens erheben, möge es die ganze Menschheit retten und Frieden in der Welt schaffen. Ich feiere diesen 2. August 1977 in tiefer und respektvoller Weise.

---

27 Damals der Leiter des Londoner Dōjō.
28 Fünfundzwanzig Ackerfurchen eines Reisfeldes symbolisierend.

Ich bin sehr glücklich, hier in Val d'Isère mit Ihnen Zazen praktiziert zu haben.»

Nach dem Zazen werde ich dieses Kesa von Narita-Rōshi im Angesicht Buddhas empfangen.

Ich möchte dann meinerseits Narita-Rōshi ein neues Kesa, genäht von meinen Schülerinnen Mokutai Seishin (Jeanne) und Taigyaku Shōren (Anne-Marie), als Geschenk übergeben. Folgendes schrieb ich auf die Aufbewahrungstasche:

«Die Stimme des Tales ist Buddhas weite und lange Zunge,
die Form der Berge nichts anderes als sein reiner Körper.
Vierundachtzigtausend Verse klingen in der Nacht –
wie kann ich dies an einem anderen Tag den Menschen sagen?

Am 3. August, hier in Val d'Isère, höre ich das Rauschen des Flusses im Tal und bin sehr glücklich, jenes Kesa zu empfangen, nachdem ich diesen Sommer mit Ihnen Zazen praktizieren durfte. Heute, da Sie nach Japan zurückkehren, übergebe ich Ihnen dieses Kesa von Shamon[29] Taisen. Ich übergebe es verbunden mit einhundert Sanpai.»

Für das Dōjō von London übergebe ich Herrn Fukuda ebenfalls ein Kesa. Es trägt die Inschrift: «Die Stimme des Tales ist die große Unterweisung Buddhas.»

Und gestern Nacht, nach dem Glockenschlag, schrieb ich dieses Gedicht:

Wenn ich zurückblicke auf mein vergangenes Leben,
sind bereits mehr als sechzig Jahre vergangen.
Gutes und Schlechtes trug sich zu in dieser Zeit –
sie gleicht einem Traum.
Während dieses Sesshin in den Alpen
tritt der Klang des reinen Stromes im Tal
anmutig und schnell
um Mitternacht durch mein leeres Fenster ein.

---

29 «Mönch».

3. August, 21.00 Uhr

Kusen

Ich setze mein Kusen über die Beziehung zwischen Samsāra, Reinkarnation, Transmigration und Karma fort. Heute ein Kusen über die Beziehung zwischen Karma und Kosmos.

Buddha erlangte Satori unter dem Bodhibaum. Er erwachte zum Karma. Allein der Mensch, nur das menschliche Wesen, kann zum Karma erwachen.

Im *Shōbōnenjōkyō*, einem alten buddhistischen Sūtra, heißt es, dass derjenige, der wiedergeboren werden will, sich im Augenblick seines Todes die schattenhafte Form eines auf ihn herabfallenden Felsens vorstellen muss. Der Felsen fällt auf ihn und bedeckt seinen ganzen Körper. Derjenige, der wiedergeboren werden möchte, ruft dann andere zu Hilfe, um den Felsen zu entfernen. Während seines Todeskampfes beobachtet er sein vergangenes Leben, das an ihm vorbeizieht. Anschließend, direkt vor dem Sterben, stellt er sich vor, träumt er, dass er seinem Vater und seiner Mutter beim Beischlaf zuschaut. Wenn er als Mann wiedergeboren werden möchte, muss er sich sexuellen Verkehr mit seiner Mutter vorstellen. Dann erscheint der Vater und unterbricht den Beischlaf. Möchte er als Frau wiedergeboren werden, muss er steh sexuellen Verkehr mit dem Vater vorstellen. Dann erscheint die Mutter und unterbricht diesen Akt. Unmittelbar danach stirbt er. Leben und Bewusstsein erscheinen wieder, und ein neues Leben beginnt. So steht es in dem Sūtra geschrieben.

Und so beginnt wieder die Beziehung von Ursache und Wirkung. Es ist vergleichbar mit einem Stempel, den man in eine Form drückt. Der Stempel mag zerbrechen, aber der Abdruck ist bereits in der Form festgehalten.

Der Transmigrationsaspekt dieses Sūtras hatte großen Einfluss auf den alten, traditionellen Hinduismus. Buddha jedoch, der diese Anschauung der Seelenwanderung nur teilweise akzeptierte, veränderte sie und machte sie rationaler. Buddha trennte diese Vorstellung von der Vorstellung davon, was nach dem Tod geschieht, und benutzte sie stattdessen als eine Analyse des lebenden Menschen. Und so entfernte er sie aus dem Bereich des religiösen Mystizismus.

Buddha benutzte diese neue Haltung zur Transmigration nicht für irgendwelche moralischen Zwecke. Er benutzte sie in erster Linie als eine Methode zur Wiederherstellung der Menschlichkeit – um die Menschheit zu heilen. Hier haben wir die Entdeckung des persönlichen, individuellen Karmas. Und da die Menschheit die Quelle der fundamentalen kosmischen Kraft ist, sind persönliches Karma und fundamentale kosmische Kraft miteinander verbunden und stehen in einer Beziehung zueinander. Buddhas Satori, während er unter dem Bodhibaum in Zazen saß, war die objektive Beobachtung seines Karmas, des Karmas seines ganzen Lebens.

Solange es Anhaftung gibt, gibt es keinen Ausweg aus der Welt der Transmigration. In der Welt der Relativität, in der Welt von gut und böse, in der Welt der Moral zu verbleiben, heißt, in der Welt der Transmigration zu verbleiben. Geschenke zu machen, Gebete zu sprechen, moralisch gute Handlungen auszuführen, wie es die Inder in alter Zeit taten, gute Verdienste anzusammeln und dadurch Wiedergeburt im Himmel anzustreben, bedeutet nichts anderes, als in der Welt der Moral wiedergeboren zu werden.

Wahres Satori ist jenseits der Welt guter Ursachen und Wirkungen, jenseits dessen, was gute Verdienste und Wiedergeburt im Himmel schafft, jenseits der Welt der guten Moral. Wir dürfen nicht von dem guten Karma abhängig sein, das wir durch unsere Handlungen erzeugen – wir dürfen es nicht benutzen. Wir müssen vielmehr jenseits dieser Welt der Seelenwanderung, jenseits dieser Welt der Anhaftung sein.

Anhaftung – dies ist ein sehr wichtiger Punkt. Die Menschen haften instinktiv an. Jenseits des Anhaftens zu sein, es abzuschneiden, bedeutet nicht Verneinung des Menschseins. Das Anhaften zu verneinen heißt, sich selbst zu verändern; es bedeutet, die Menschheit selbst zu verändern. Wie können wir die Menschheit ändern? Ist dies möglich?

4. August, 7.30 Uhr

Kusen
Während der Zazenpraxis beobachtet man sich selbst. Man beobachtet sich subjektiv – man beobachtet sich objektiv. Wenn ich sage:

Heute muss ich jemandem hier Rensaku[30] geben, so denken alle, dass sie es vielleicht selbst sind, die Rensaku bekommen sollen. «Vielleicht bin ich dran! Gestern Abend war ich nicht so gut. Ich habe zweihundert Francs gestohlen. Nicht so gut. Ich bin ein Dieb! Ein Dieb von zweihundert Franken.» Stehlen Sie auch nur einen Franc, und Sie sind ein Dieb. Es kommt auf Sie zurück. Schlechtes Karma.

[Anscheinend wurde jemandem Geld gestohlen.]

Wenn der Dieb aber gründlich nachdenkt und dann seine Tat gesteht, wird sich sein Ego verändern.

[Der Meister wendet sich an den Dieb.]

Ich gebe Ihnen zweihundert Francs, wenn Sie zu mir kommen und gestehen. Nein, ich gebe Ihnen tausend Francs. Auf diese Weise können Sie Geld verdienen. Wenn Sie natürlich nur gestehen, um Geld zu verdienen, wenn das Ihr Ziel ist, dann ist es nicht so gut. Das ist nicht *mushotoku*.

Gestern Abend sprach ich darüber, wie wir die Menschheit verändern können.

In dem Sūtra, das von König Milinda und dem Bodhisattva Nagasena handelt, fragte Milinda den Bodhisattva:

«Ist es möglich, in der nächsten Welt nicht wiedergeboren zu werden?»

«Großer König», antwortete der Bodhisattva, «wenn jemand in der nächsten Welt nicht wiedergeboren werden will, kann er das sicher wissen.»

«Wie kann er das wissen?», fragte der König.

«Wenn jemand den Grund, die Ursache für seine Wiedergeburt in der nächsten Welt abschneidet, kann er das verstehen, dann kann er es wissen», antwortete Nagasena.

Wenn wir also durch unser Leben keine Gründe schaffen, in der nächsten Welt wiedergeboren zu werden, dann werden wir nicht wiedergeboren. Transmigration und Reinkarnation wiederholen sich nicht.

30 Mehrfache Kyōsaku-Schläge auf die Muskulatur zwischen Nacken und Schultern, nicht zur Strafe, sondern um zu erziehen.

Während des letzten Sesshin fragte mich jemand, warum wir in der nächsten Welt wiedergeboren würden. Ich antwortete, dass man nicht wiedergeboren wird, wenn man nicht will. Derjenige, der mich das fragte, suchte einen Weg, nicht in Naraka zu kommen. Menschen, die Angst vor ihrem schlechten Karma haben, wollen die Wiedergeburt vermeiden. Andererseits suchen diejenigen die Wiedergeburt, die in den Himmel oder ins Paradies kommen wollen.

Keine dieser beiden Haltungen ist gut. Beides sind moralische Standpunkte. Man muss jenseits solcher Haltungen sein. Buddha leugnete die Transmigration. Andererseits erkannte er sie an.

Wenn Sie jenseits der Welt der Moral sein wollen, müssen Sie verstehen, warum Transmigration entsteht. Warum entsteht Transmigration? Das ist eine wichtige Frage.

Zazen. Die Lösung ist Zazen. Durch die Zazenpraxis können Sie lernen, es zu verstehen. Das ist Satori. Solches Verständnis entsteht nicht durch Denken mit dem Vorderhirn. Es muss mit dem Körper erfahren werden – religiös.

Es gibt kein Numen. Es gibt keine bleibende Substanz. Im Körper gibt es keine Substanz, die der Transmigration unterliegt. Was ist Zazen? Es ist Muga. Muga ist Nicht-Numen. Und das Ego? Das Ego verändert sich ständig. Gestern war derjenige, der das Geld gestohlen hat, ein Dieb. Heute Morgen, als der Dieb mich sagen hörte, dass er Rensaku bekommen muss, hatte er Angst, es wurde ihm klar, dass er nicht so gut gehandelt hat, und so veränderte sich sein Ego. Das Ego von gestern ist nicht das von heute. Der Geist verändert sich. Der Körper auch.

Unsere Anhaftung abzuschneiden bedeutet, die Transmigration zu beenden. Das heißt nicht, dass wir unser Leben abschneiden. Die Transmigration hat keine Substanz, kein Numen. Und da es kein Numen gibt, besteht keine Notwendigkeit, irgendetwas abzuschneiden. Wenn jemand weiterleben will, wenn er nicht sterben möchte, wenn er wiedergeboren werden möchte, dann hängt er am Leben. Das ist Ego. Wenn aber das Ego keine Substanz hat, dann gibt es keine Fortsetzung des Lebens. Ohne Ego-Anhaftung ist keine Transmigration notwendig.

Brennendes Holz verändert sich ständig – wie das Ego. Es wird zu Asche. Seine Struktur verändert sich. Aber die Flamme bleibt.

Das Karma bleibt. Die Flamme des Karmas, die Flamme unserer Handlungen, bleibt.

Die Asche kann das Holz, aus dem sie entstand, nicht betrachten, und das Holz nicht die Asche. Wir können die Asche unseres verbrannten Körpers nicht sehen; die Asche ihrerseits kann uns nicht betrachten. Denn es gibt keine verbindende Substanz.

Es ist nicht notwendig, dies mit dem Gehirn verstehen zu wollen. Wir können es durch Zazen verstehen.

Shiki soku ze kū, kū soku ze shiki – Form ist Leerheit, Leerheit ist Form. Das Ego ist *kū*, Dasein ohne Numen. *Kū* wird zu *shiki,* Erscheinungsformen. Jetzt befinden wir uns hier und praktizieren alle Zazen. In diesem Augenblick gibt es kein Numen.

4. August, 21.00 Uhr

Kusen

Alles Dasein ist *kū*. Existenz oder Dasein besteht nur aus den vielen verschiedenen Erscheinungen dieser fundamentalen kosmischen Kraft. Diese ist jenseits von Physik und Metaphysik, jenseits des Materialismus, jenseits des Spiritualismus. Die fundamentale kosmische Kraft allein ist absolut. Da diese kosmische Kraft aber kein Numen hat, ist auch sie *kū*.

Kū bedeutet nicht «leer». Vielmehr ist dies die unendliche, Furcht erregende Kraft des Kosmos in all seiner Unermesslichkeit. Diese fundamentale kosmische Kraft erzeugt alle Existenzen, wie sie im Kosmos erscheinen, eine nach der anderen; und manchmal werden diese von ihr auch zerstört.

Im Christentum ist es notwendig, daran zu glauben, dass Gott eine absolute persönliche Existenz ist. Ich denke aber, dass Gott auch die fundamentale kosmische Kraft an sich bedeutet.

Man kann in Gott keinerlei Substanz finden. Man findet überhaupt im Kosmos keine einzige substanzielle, persönliche Existenz. So bedeutet Gott die unsichtbare, fundamentale kosmische Kraft. Sie kann nicht verschwinden und sie hat kein Ende. So ist es auch mit Gott. Gott kann nicht sterben. Gott ist wie die fundamentale kosmische Kraft absolute Ewigkeit.

An die fundamentale kosmische Kraft zu glauben heißt, wahrhaft an Gott zu glauben. Jeder Einzelne von uns ist ein Kind dieser Urkraft. Wir alle sind kosmische Existenz. Zu dieser Erkenntnis müssen wir erwachen. Erwacht sein, schrieb Meister Dōgen im *Shōbōgenzō genjōkōan*, heißt, durch alle Existenzen des Kosmos bestätigt zu werden.

Während der Zazenpraxis, wenn wir unser Ego aufgeben, fühlen wir, machen wir die Erfahrung, dass sich unser Körper mit dem Kosmos vereint. Durch die korrekte Haltung, die rechte Atmung und durch das Hishiryō-Bewusstsein können wir uns mit dem Kosmos harmonisieren. Unser Ego tritt dann in den Kosmos ein, und wenn dies geschieht, wird das Hishiryō-Bewusstsein der ganze Kosmos. Unser Bewusstsein ist dann erfüllt, und es füllt den Kosmos.

Unser Ego tritt ein in Gott und kommuniziert mit ihm, und so wird es selbst zum absoluten Gott.

Im tibetanischen Buddhismus, im tantrischen Buddhismus sowie im traditionellen Hinduismus nennt man das Symbol der fundamentalen kosmischen Kraft Śakti. Śakti, manchmal die Göttin Māyā genannt, kann viele Bedeutungen haben. Im tantrischen Buddhismus bedeutet es zum Beispiel das weibliche Sexualorgan. Wenn also das männliche Sexualorgan in das weibliche eindringt, geht das starke männliche Ego in den Kosmos ein, harmonisiert sich mit dem Kosmos. Und wenn der gemeinsame Orgasmus kommt, haben wir Satori ... Das kann ich nicht glauben.

In einer höheren Dimension kann dies wohl eine tiefere Bedeutung haben; es kann zum Symbol der kosmischen Kraft und somit heilig werden. Für die Allgemeinheit jedoch ist eine solche religiöse Lehre gefährlich. Das Ego kann auf diese Weise zum absoluten Gott werden.

Durch Zazen können Sie unbewusst, automatisch und natürlich entdecken, dass die Praxis des Zazen selbst der Kosmos ist.

Śakti bedeutet *Zazen*.

Und die Zazenhaltung selbst ist Gott.

Darin müssen wir Vertrauen haben.

Heute sah ich jemanden auf dem Kopf stehen. Es ist möglich, die kosmische Kraft auf dem Kopf stehend zu verwirklichen, wie im Yoga. Oder richtig herum, wie beim Zazen. Den Boden mit dem Kopf drücken und den Himmel mit den Füßen. Warum auch nicht? Das Problem des Yoga ist aber, dass man sich am Himmel festhält statt an der Erde.

Das Ego beim Zazen aufzugeben heißt, das ganze Haften an der Substanz des Egos abzuschneiden. Das ist Mushin. *Mu* bedeutet «nicht», *shin* ist «Geist»: Nicht-Geist. D. T. Suzuki benutzte gern den Ausdruck *Mushin*. Meister Dōgen sprach von *Hishiryō*.

Hishiryō wurde zum ersten Mal von Meister Sōsan in seinem *Shinjinmei*, geschrieben im siebten Jahrhundert, benutzt. Hishiryō-Bewusstsein heißt denken, ohne zu denken. Hishiryō kann nicht gedacht werden. So steht es im *Shinjinmei*.

Muga bedeutet «Nicht-Ego». Das bedeutet, dass das Ego keine Substanz hat. Das Karma hat ebenfalls keine Substanz. Das bedeutet, dass wir jegliche Transmigration und jegliche Reinkarnation unseres Egos abschneiden können.

Im *Visuddimagga-śāstra*[31] heißt es, dass niemand Karma erschafft und dass niemand seine Wirkungen spürt. Es gibt nur eine Vielzahl von Existenzen, die erscheinen und die Schritt für Schritt, eine nach der anderen, erzeugt werden. Das ist die richtige Anschauung. So wird Karma mit seinen aus ihm folgenden Wirkungen (Ergebnissen) seinerseits zur Ursache. Das entspricht genau der Beziehung zwischen Baum und Samen: Wenn die Transmigration nicht erkannt (verwirklicht) wird, bevor die Erscheinung zutage tritt, dann wird es in der Zukunft keine Transmigration geben. So steht es in diesem Śāstra.

Da die Transmigration keine Substanz hat, wird nur das Karma der Existenzen in der Welt der Erscheinungen hervorgebracht. Trotzdem glauben wir in unserer falschen Vorstellung, dass es eine Substanz gibt, die von der Vergangenheit in die Gegenwart wiedergeboren wird und von der Gegenwart in die Zukunft.

Karma bedeutet einfach die Ursache von Karma und die Wirkung von Karma. Dies jedoch, die Ursache und die Wirkung, ist nicht festgelegt, und da es keine Substanz hat, existiert es auch nicht.

Sowohl die Ursache als auch die Wirkung von Karma sind Kū.

---

31 Ein Śāstra ist ein Sūtra-Kommentar.

Da es also keine Ursache und keine Wirkung des Karmas gibt, bedeutet die Nichtexistenz der Substanz der Transmigration die Handlung des Karmas und nicht die Handlung einer Substanz. Sie bedeutet nicht Leere.

Die feste (oder festgelegte) Substanz wird im buddhistischen Denken verneint; die Bedeutung oder Handlung von Karma wird bestätigt. Alle Bewegung ist einfach Handlung des Karmas.

Wie ich bereits erklärt habe, ist Handlung in der Welt des Menschen die fundamentale kosmische Kraft, durch die das Ego verwirklicht wird.

So ist im Buddhismus Transmigration ein Teil der unsterblichen, unzerstörbaren kosmischen Kraft, die durch menschliches Handeln erweckt wird. Sie ist die Unsterblichkeit menschlichen Handelns, der Handlung des Menschen.

Das ist das grundlegende Prinzip des Karmas.

5. August, 7.30 Uhr

Kusen

Meister Dōgen schreibt im *Fukanzazengi*, dass das Hishiryō-Bewusstsein die geheime Essenz des Zazen ist. Während der Zazenpraxis müssen wir denken und nicht-denken, hören und nicht-hören, sehen und nicht-sehen, schmecken und nicht-schmecken. Auch wenn Sie meinem Kusen nicht zuhören, hören Sie es doch, und dieses Hören/ Nicht-Hören wird Ihnen in der Zukunft gutes Karma bringen. Auch wenn Sie dieses Kusen nicht mit Ihrem persönlichen Bewusstsein hören – Ihr Zazen hört es.

Ich setze jetzt mein Kusen über die Beziehung zwischen Schicksal und Mensch fort.

Buddha entdeckte eine neues Wesen des Menschen, während er unter dem Bodhibaum saß. Diese Entdeckung brachte der Geschichte des Menschen eine neue Form der Menschlichkeit. Mit der Lehre von der kosmischen Energie gab er dem traditionellen Hinduismus eine Wende.

In der europäischen Philosophie bedeutete das Seelenheil nicht eine Erweckung des menschlichen Wesens. In Europa stand die wahre Erlösung, die Erweckung des Menschen, in direktem Widerspruch zur Kirche und zur traditionellen Autorität Gottes.

Buddhas Menschlichkeit baute auf der Lehre von der fundamentalen kosmischen Kraft auf, und so wurde das menschliche Dasein nicht verneint. In Europa aber wurde während der Renaissance die Existenz Gottes zugunsten der Erlösung des Menschen verneint. Gott war tot. Er wurde der Erlösung der Menschheit geopfert. So entstand in Europa eine Opposition, ein Widerspruch zwischen der kosmischen Kraft Gottes und dem Menschen. Die Zivilisation degenerierte.

Die europäischen Philosophen schreiben und philosophieren, ohne sich zunächst selbst zu verstehen. Sie kennen sich selbst nicht tiefgründig. Sie betrachten alles objektiv, ohne zuerst in sich selbst zu schauen. Diese Philosophen tun sich ständig vor den anderen Menschen hervor – das ist das wahre europäische Karma. Selbstverständlich sind Benehmen und Verhalten sehr wichtig, aber sich selbst vor den anderen zu loben, ist nicht nötig. Ich will nicht die europäische Zivilisation kritisieren – die östliche ist auch nicht so gut – , dazu bin ich nicht hier. Meine Mission während dieser vergangenen zehn Jahre in Europa war, einen Austausch zwischen diesen beiden Zivilisationen herbeizuführen, nicht sie zu kritisieren.

Im Osten wird die kosmische Kraft nicht verneint, um Menschlichkeit herzustellen oder wiederzuerlangen. Dort wird vielmehr das dem Menschen eigene Sein in dieser kosmischen Kraft begründet. Wie ich oft erklärte, ist es allein das Karma jeder einzelnen Handlung, das die Menschen bewegt. Das Karma einer bestimmten Handlung existiert nur beim Menschen. Das ist das Prinzip des Karmas.

Die Lehren vom Schicksal, vom Determinismus und vom Fatalismus, wie man sie in Europa findet, haben nichts mit der Lehre vom Karma zu tun.

Jetzt gebe ich Taisen Deshimaru und seiner Sekretärin Anne-Marie Rensaku. Ich gebe diese Strafe meiner Sekretärin, um sie zu erziehen. Und ich gebe sie mir selbst, um ebenfalls belehrt zu werden. [Zwischen dem Meister und seiner Sekretärin hatte es einen Wortstreit gegeben, und dies war die Folge.]

6. August, 6.30 Uhr

Kusen

Heute beginnen wir mit dem zweiten Sesshin. Morgen, übermorgen und während der ersten Hälfte des vierten Tages werden wir viel Zazen praktizieren.

Was ist das wichtigste Problem in unserem Leben? Wie wir leben und wie wir sterben. Seit Urzeiten stellt sich der Mensch die Frage, wie er leben und wie er sterben soll.

Was ist wahres Glück? Sowohl geistiges als auch körperliches Glück ist notwendig. Der Körper braucht Nahrung, und er braucht auch Sex. Ob dieser Angelegenheit von Liebe und Sex leiden viele Menschen. Und so wird ihr Leben kompliziert. Beim Zazen taucht dieses Karma auf, es kommt aus dem Unterbewussten, und Sie können es in Ruhe beobachten. Und wenn Sie mit Zazen weitermachen, werden Sie sicher in der Lage sein, es zu lösen – diese Leidenschaft der Liebe und der Sexualität.

Wie essen wir? Während eines Sesshin wird auf besondere Art gegessen, und die Neuen sind davon immer überrascht. Man benutzt nur eine Schale, und morgens isst man eine Schale Genmai[32]-Suppe. Und vor dem Essen rezitieren wir ein langes Sūtra. Warum?

Ein starkes Leben beinhaltet auch die Frage, wie man isst und wie man Sex praktiziert. Während dieses Sesshin sollte man nicht nach Frauen schauen. Es ist besser, wenn wir in dieser Zeit enthaltsam sind. Was das Essen betrifft, so sollte es einfach sein, überwiegend Gemüse. Wenn das Sesshin vorüber ist, werden Sie einen frischen Geschmack haben, was das Essen anbelangt – und auch den Sex.

Durch Zazen können Sie wahres geistiges Glück finden. Vergessen Sie den Körper, und der Geist wird völlig einsam werden.

Wie lebt man ewig? Eines Tages werden wir alle tot sein und in unserem Sarg liegen. Jeder von uns. Und deshalb spreche ich während meiner Kusen zu Ihnen über Karma, Reinkarnation, Seelenwanderung, Samsāra.

Durch wirkliche Beobachtung unseres Geistes im Innern, wie es nur in der Zazenhaltung möglich ist, können wir die wahre Weisheit

---

32 (Jap.,) Vollreis, wie er im Zen allgemein verwendet wird.

finden. Die westlichen Menschen beobachten nur objektiv, indem sie nach außen schauen. Sogar diejenigen hier, die Zazen schon seit einiger Zeit praktizieren, können nicht verstehen. Sie verstehen den Meister nicht. *Ishin denshin*[33] ist sehr schwierig.

Es gibt keinen Einzigen hier, dem ich Shihō geben kann. Alles hier ist wie Theater. Oder wie das Stück gestern Abend, in dem einer von Ihnen den Meister spielte. Es war eine sehr gute Vorstellung. Er gab nach außen hin ein sehr gescheites Bild ab, versteht jedoch des Meisters Inneres nicht. Es gibt hier einige sehr intelligente Leute, die Zazen praktizieren. Aber was verstehen sie wirklich von Shihō? Von Mushin? Von Mushotoku?

Jetzt praktizieren wir hier in Val d'Isère Zazen, beim Rauschen des Flusses, der unterhalb des Dōjō fließt. Wir schauen uns die Berge an, das Tal, wir machen Spaziergänge. All dies ist gewiss sehr gut. Und dann haben wir zu Hause ein schnelles Auto, bauen ein hübsches Haus und lieben eine schöne Frau –, und das ist das Glück in unserem Leben. Unser Leben dauert aber nicht besonders lange.

Wie kann man andere beeinflussen? Wie kann man die Geschichte beeinflussen, unsere Zivilisation?

Wenn Sie Zazen praktizieren, finden Sie wahres Glück in Ihrem Geist. Zazen bedeutet, die ganze Welt zu beobachten, den ganzen Kosmos, in Ihrem Geist. Wenn Sie Zazen praktizieren, wird es den ganzen Kosmos beeinflussen, die ganze Welt, ganz Frankreich, die Schweiz, Deutschland, den ganzen Kontinent, für alle Zeiten, für die Ewigkeit.

7. August, 10.00 Uhr

Kusen

Beim Zazen müssen Sie die Wirbelsäule so stark wie möglich strecken, und Sie müssen sich auf Ihre Atmung konzentrieren. Konzentrieren Sie sich auf das Kikaitanden, unterhalb des Nabels. Die Ausatmung muss lang sein, so wird die Einatmung kurz und geschieht unbewusst und ohne Anstrengung. Auf diese Weise empfängt der

---

33 Verständigung von Geist zu Geist.

Körper Ki[34]. Die Zazenhaltung ist die beste Methode, gesund zu werden, aber sie ist nicht dazu da – sie ist keine Methode, um Krankheiten zu heilen. Wenn Sie jedoch Zazen praktizieren, werden Sie unendliches Verdienst für den Körper und den Geist erreichen.

[Die Glocke ertönt, und alle stehen zum Kinhin auf.]

Beim Kinhin ist die Ausatmung die Gleiche wie beim Zazen. Mit der Bewegung des Fußes nach vorn atmet man tief aus, und so streckt sich das Knie automatisch und unbewusst. Kinhin ist die beste Selbstmassage.

[Die Glocke ertönt, und alle kehren an ihren Platz zurück.]

Ich setze nun mein Kusen über Schicksal und Karma fort.

Schicksal und Karma sind nicht dasselbe. Schicksal schließt in Europa Selbstaufgabe mit ein. Das bedeutet, dass Gott den Menschen leitet und lenkt.

In der griechischen Mythologie gibt es die Göttin Moira. Alle lebenden Menschenwesen sind gemäß dieser Mythologie ein Teil der Göttin Moira. Moira ist deswegen die Göttin des Schicksals. Somit ist das persönliche Schicksal des Einzelnen jenseits der Reichweite seines eigenen Willens. Da es in Gottes Hand liegt, ist jedes einzelne Leben auf verschiedene Weise bestimmt. Der alte griechische Dichter Homer sagte, wenn das Schicksal zu Ihnen kommt, können Sie nicht vor ihm fliehen, gleichgültig wie klug oder tapfer Sie sein mögen.

Dieser Begriff entwickelte sich schließlich zu dem, was als Fatalismus bekannt ist – Gottes Wille regiert alles. So ist es hier im Westen eine wichtige Frage, wie man sich von dieser fatalistischen und deterministischen Haltung befreien kann. In den philosophischen, psychologischen und theologischen Lehren Europas werden solche Fragen behandelt, die Denker waren aber belang nicht in der Lage zu erklären, wie man aus dem Konzept des Schicksals und des Fatalismus

---

34 Die Lebensquelle, Aktivität. Ohne Ki kein Leben. Ki ist kosmische Energie in wechselseitiger Abhängigkeit mit dem Individuum in all seinen Fasern und Zellen, die fundamentale kosmische Kraft, die in jedem Einzelnen in Erscheinung tritt; das Energie-Geist-Bewusstsein jedes Lebewesens in Kommunikation mit dem Kosmos.

einen Ausweg finden kann. Da sie sich nicht tief genug mit dem Problem befassen, haben sie keine Methode, damit umzugehen. Wie kann man dem eigenen erbärmlichen Schicksal entrinnen? Dem schlechten Karma? Sie haben keine wirklichen Antworten auf diese Fragen. Sie haben nicht einmal eine Methode, um sich selbst zu verstehen.

Die alte griechische und die indische Zivilisation beeinflussten einander. Und manchmal waren Ihre Mythologien sogar identisch. Im alten indischen Denken bestand Śakti, was – unter anderem – fundamentale kosmische Kraft bedeutet, aus drei Prinzipien oder Begriffen: Schöpfung, Erhaltung und Zerstörung. In der griechischen Mythologie repräsentierten die drei Gottheiten Klotho, Lachesis und Atropos die Schutzgöttinnen des Menschen bei der Geburt, während der Lebenszeit und beim Sterben. Athopos ist die Göttin, die schließlich das Leben abschneidet.

Im Westen lenkten die Götter immer das Leben der Menschen – angefangen mit der Geburt, durch das tägliche Leben hindurch und bis zum Tod. Dieses Denken hat ein wenig Ähnlichkeit mit dem altindischen, wo Brahma der Gott der Schöpfung, Viṣnu der der Erhaltung und Shiva der der Zerstörung ist.

Die Lehre vom Fatalismus in der griechischen Mythologie und die vom Karma sind aber nicht gleich. Im alten Griechenland waren Geburt, Leben und Tod unter der direkten Kontrolle von drei Göttinnen. In Indien stehen Schöpfung, Erhaltung und Zerstörung unter der Kontrolle der absoluten Kraft Śaktis oder der fundamentalen kosmischen Kraft.

Nach der Lehre vom Karma kann man die wahre Freiheit durch persönliche Anstrengung, durch den menschlichen Willen erlangen. Das ist Karma. Manchmal folgt man dem kosmischen Strom, manchmal nicht. Auch das ist Karma.

Karma wird von der fundamentalen kosmischen Kraft gelenkt. Trotzdem können wir über seine Grenzen und über unsere eigenen Grenzen hinausgehen und so unser Karma verändern. Wir haben die Freiheit, wahrhaft frei zu werden.

In neuerer Zeit sagte der Schriftsteller Hermann Hesse – er war ja vom Buddhismus beeinflusst –, unser Schicksal existiere in uns selbst, nicht außerhalb. Er behandelte die Lehre vom Fatalismus also subjektiver und sagte, dass sich das Schicksal in unserem eigenen Geist entwickelt.

Manche hier schlafen. Diejenigen, die schlafen, müssen Kyōsaku bekommen.

Ob Sie meinem Kusen zuhören oder nicht, ob Sie es überhaupt hören oder nicht, es wird Ihr Zazen nicht stören. Beim Zazen ist es notwendig, dass Ihr Körper und Ihr Geist durch eine tiefe Lehre angeregt werden. Wenn der Körper müde ist, wird der Geist schläfrig. Der Körper ist es, der meine Kusen hört, und so werden diese ein Teil Ihrer tief liegenden Erinnerung. Das ist tiefes Karma für das Gehirn.

Beim Zazen können Sie Satori sogar durch das Rauschen des Flusses erlangen.

7. August, 16.00 Uhr

Kusen

Als mir mein Schüler Michel mitteilte, dass er einen geeigneten Platz in Val d'Isère gefunden hätte, sagte er: «Es liegt in einem Tal, Sensei, von Bergen umgeben. Es ist ein schöner Ort, aber das Rauschen des Flusses in der Nähe des Dōjō ist sehr laut, und das könnte unser Zazen stören.» Aber ich war anderer Meinung. Und jetzt, da wir hier sind, dachte ich mir, dass ich für Narita-Rōshi in dem besagten Gedicht etwas über dieses Rauschen des Flusses mitteilen möchte. Und so schrieb ich, wie uns der Fluss bereits 84.000 Sūtra-Gedichte schenkte. Die Stimme des Tales gibt uns einen großen Vortrag, von morgens bis abends.

Für einige von Ihnen ist das Rauschen des Flusses bloßes Geräusch. Sie versuchen, es zu umgehen, davor zu fliehen oder es zu besiegen. Das zu tun, ist sehr schwierig. Es ist besser, vertraut und Freund zu werden mit dem Klang, statt ihn besiegen zu wollen. So werden Sie tiefgründig.

Nietzsche schrieb, dass es schwierig sei, das Schicksal zu überwinden, und auch nicht so gut, ihm gegenüber gleichgültig zu sein. Er fühlte wohl, dass man sich mit dem eigenen Schicksal vertraut machen und es lieben sollte. Nietzsche war jedoch ein Determinist.

Unser Schicksal ist nicht unbedingt vorbestimmt. Nietzsche analysierte diese Frage des Schicksals niemals gründlich.

Auch andere Europäer, wie zum Beispiel Leibniz, stellten sich die Frage, wie man Harmonie in seinem Schicksal finden könne; und Spengler und Keyserling beschäftigten sich mit dem Schicksal der europäischen Zivilisation als ganzer. Aber auch sie drangen niemals tief in dieses Problem ein. Dass der Mensch sein Schicksal akzeptieren sollte, ist sehr schön – aber was ist mit denjenigen, die ihres Schicksals wegen leiden? Für sie ist es nicht so einfach, es anzunehmen und es zu mögen.

Die Frage ist: Wer oder was bestimmt unser Schicksal? Und wie können wir unser Schicksal analysieren? Durch das Verständnis von Karma können Sie die Frage des Schicksals gründlich analysieren.

Ich sage immer das Gleiche: Zazen praktizieren heißt, sich mit dem eigenen Ego vertraut zu machen. Mein Meister Kōdō Sawaki sagte das auch. Meister Dōgen benutzte eine andere Formulierung; er sagte, die Buddhalehre bedeute, das Ego zu vergessen. Für ihn bedeutete Zazen, das Ego zu vergessen. Es gibt noch viele andere Formulierungen. Zazen kann zum Beispiel auch bedeuten, das Ego zu verstehen oder es zu überwinden, oder darüber hinauszugelangen. Sie alle sind richtig.

Durch Zazen können wir unser Schicksal lösen – und auch unser Karma. Die Frage der Einsamkeit, des Egos und der Sexualität kann man ebenfalls lösen. Sie müssen mit der Sexualität vertraut werden – und doch ist dies nicht so gut. Das ist ein Kōan. Den Sex aufgeben, ihn überwinden, ihn verstehen, über ihn hinausgelangen. Auch die Einsamkeit vergessen, sie aufgeben, sie überwinden, sie verstehen, über sie hinausgelangen. Genauso mit dem Karma. Wie kann man sein Karma verstehen? Wie kann man es beobachten? Wie kann man es abschneiden? Wie kann man es überwinden? Wie kann man über das Karma hinausgelangen?

Um tief über diese Frage des Schicksals nachzudenken, muss die Sicht frei sein von menschlichen Illusionen.

Kein anderer kann Ihr Schicksal für Sie erschaffen. Karma selbst lehrt uns, dass wir unsere eigenen Illusionen über das Schicksal haben. Das ist auch Karma.

Karma schließt also das Schicksal ein. Nichtsdestoweniger, wenn wir unser Karma sorgfältig beobachten, können wir die Illusionen abschneiden. Und indem wir das tun, können wir in eine höhere Dimension gelangen – in eine Dimension der wahren Freiheit.

Dieses Verlangen nach wahrer Freiheit, nach wahrer Freiheit des Handelns und des Verhaltens, ist nichts als die andere Seite des Karmas. Es hat nichts zu tun mit dem modernen Behaviorismus. Wie auch immer, die Handlung ist das Prinzip des Karmas.

Die Lehre vom Fatalismus ist mit der Hoffnung auf die Ewigkeit verknüpft. In seinem Ursprung ist der Fatalismus ein Akt des Sich-auslieferns. Wir überlassen uns dem Fatalismus und hoffen dadurch auf die Ewigkeit. So erschaffen wir den Begriff bzw. das Wort Schicksal, und so erschaffen wir auch die Vision des Schicksals.

Karma jedoch ist weder eine Vision noch eine Illusion. Es ist vielmehr Intuition über die Kraft der Natur. Karma ist aber auch Realität, die in die Intuition eingeht.

Alle hier schlafen. Das Kyōsaku ist notwendig. Beim Zazen ist das Kyōsaku sehr effektiv, aber verursacht es zu viel Lärm, stört es Ihr Zazen. Es ist sehr schwierig, sich mit dem klatschenden Geräusch des Kyōsaku vertraut zu machen, da es einem einen Schrecken einjagt. Daher werde ich es jetzt allen gleichzeitig geben lassen. Es laufen jetzt vier Mönche mit dem Kyōsaku hinter Ihnen.

Jemand weint. Eine Frau. Besonders die Frauen haben keine Geduld. Sie dürfen die anderen nicht stören; wenn Sie es tun, müssen Sie das Dōjō verlassen. Aber es ist gut zu weinen. Auf diese Weise steigt das schlechte Karma aus dem Unterbewussten auf und verschwindet.

Werden Sie nicht zum Objekt der fünf Sinnesorgane. Die Realität des Geistes, die Realität des Denkens und die Realität der Intuition sind nicht Objekte dieser fünf. Das bedeutet aber nicht, dass sie nicht wirklich sind.

Die Wahrheit liegt jenseits der fünf Sinnesorgane. Das kann man durch die Zazenpraxis verstehen.

Die wirkliche Wahrheit kann man nicht mit Worten vermitteln. Deshalb sage ich immer: *ishin denshin*, von Geist zu Geist. Den reinen Wind, den klaren Mond kann man nicht zeichnen, nicht einmal abstrakt.

Wie auch immer, um dieses Kusen abzuschließen: Die Lehre vom Karma schließt den Fatalismus zwar ein, geht aber gleichzeitig darüber hinaus. Karma ist Intuition, und durch ein tiefes Verständnis des Karmas kann man wahre Freiheit finden.

7. August, 21.30 Uhr

Kusen
Nun werde ich über Karma und die europäischen Auffassung von der Kausalität sprechen. Das Gesetz der Kausalität stellt die Beziehung zwischen Ursache und Wirkung her. Aufgrund seines gesunden Menschenverstandes und seines rationalen Denkens glaubt der Mensch, es gebe eine Beziehung zwischen Ursache und Wirkung, und in dieser Weise versteht er Karma. Das ist ein Fehler. Karma und Kausalität sind nicht identisch. Unser Leben wird nicht bloß durch Kausalität bestimmt – Kausalität ist die Beziehung zwischen einer einzigen Ursache und ihrer Wirkung.

In der europäischen Philosophie sind Kausalität und Rationalität gleichgesetzt. Betrachtet man diese Frage jedoch gründlich, so sieht man, dass Kausalität überhaupt nicht rational, sondern vielmehr irrational ist. Wahre Rationalität ist Realität. Was jedoch vernünftig erscheint, muss nicht unbedingt rational sein. Rationalität ist tatsächlich nicht die Realität – wie zum Beispiel in der Metaphysik, der Philosophie und der Religion.

Allgemein gesprochen ist Realität das, was unser tägliches Leben ausmacht. Wenn wir uns vom Alltag trennen, verliert unser Leben seine Bedeutung.

Unser Leben ist kompliziert und vielschichtig. Daher muss die wahre Religion unser Leben in seiner Gesamtheit umfassen – in all seinen Komponenten. Das Ziel der Philosophie ist es zwar auch, diese Totalität zu umfassen, sie vermag es jedoch nicht. Man findet in der Welt der Philosophie keine einzige Ansicht, die gesichert wäre. Das Gleiche gilt für die Psychologie. Die Psychologie kann uns gewiss etwas vom Geist im Innern sagen, sie kann jedoch nicht schöpferisch sein. Sie kann keine neue, frische und lebendige Aktivität schaffen, da sie die Menschen objektiv, nicht subjektiv betrachtet. Und deshalb gibt es in der Psychologie keine Kreativität. Selbst wenn die Psychologie in der Lage wäre, die verschiedenen und veränderlichen Aspekte der Bonnō zu erklären, könnte sie nie ein Satori zustande bringen. Kurz, die Psychologie kann das Weltbild des Menschen nicht verändern.

Die Menschen interpretieren Religion auf verschiedene Art und Weise. Manche betrachten sie als Philosophie oder als eine Form der Psychologie oder der Kunst; andere sehen sie als eine Methode an, gute Gesundheit zu erreichen.

Tatsächlich besteht Religion aus dem menschlichen Wesen an sich. Und deshalb kann allein die Religion die Ganzheit des Lebens erfassen.

Kausalität ist die Beziehung zwischen einer einzigen Ursache und deren Wirkung. Mit dem Karma verhält es sich aber nicht so; Karma ist die Beziehung zwischen vielen, vielen Ursachen und deren Wirkungen, und dies ist unabdingbar verknüpft mit der Lehre von den Wechselbeziehungen. Westliche Philosophen, Theologen und Intellektuelle missverstehen dies beständig, und wegen ihrer falschen Ansichten darüber sind viele irrige Interpretationen des Buddhismus und des Karmas entstanden.

Karma enthält nicht nur Ursachen, sondern auch Wechselbeziehungen, und so entstehen viele Wirkungen. Da es keine einzelne Ursache gibt, gibt es keine einzelne Wirkung. Das Leben eines Menschen ist vielfältiger.

Sicherlich können wir unser Leben mit unserem Willen lenken und kontrollieren. Dies ist jedoch schwierig, und manchmal kann man das Leben durch den bloßen Willen nicht beherrschen, so stark dieser auch sein mag. Zum Beispiel Drogen, Sex, Selbstbefriedigung oder Whisky – diesen ist nicht so einfach mit der bloßen Willenskraft beizukommen. Und dann gibt es alle möglichen Gründe, die das Aufhören sogar noch schwerer machen: «Meine Frau trinkt, und da ich mitfühlend bin, trinke ich mit. Sie sagt, sie lässt sich scheiden, wenn ich es nicht tue.» So gibt es viele Ursachen, die dazu beitragen, das Karma zu nähren.

Die gesellschaftliche Umwelt, in der wir leben, übt einen großen Einfluss auf unser Leben aus und somit auf unser Karma. Während dieses Sesshin können wir jedoch rein werden. Die meisten Menschen können das Element Ursache in der Lehre vom Karma nicht verstehen. Sie sind unwissend. Im Sanskrit heißt dieser Zustand der Unwissenheit Avidyā. Wie auch immer, wenn man Zazen praktiziert, erscheint die Weisheit unbewusst, automatisch und natürlich.

[Nach dem Kinhin, als alle zu ihren Plätzen zurückgehen:] Sie müssen schneller gehen. Das Kinhin ist vorbei. Wer sich als Letzter hinsetzt, bekommt einen Preis ... Er geht an meinen Schüler Stéphane.

Im Jahr 1969 erlitt ich einen tiefen Schock. Meine Sekretärin Rose-Marie kam bei einem Autounfall in einem Pariser Vorort ums Leben, auf einer verschneiten Straße. In den Zeitungen stand, dass der Unfall durch eine Kollision mit einem Zement-Lastwagen zustande gekommen war. Die Polizei sagte am nächsten Tag, der Unfall sei durch ein loses Rad verursacht worden – das linke Vorderrad wurde in einer großen Entfernung vom Unfallort gefunden. Dann sagte der Arzt, der die Leiche untersuchte, Rose-Marie hätte kurz vor dem Unfall gegessen, ihr Magen sei voll mit Nahrung gewesen. Sie war vom Vorabend her müde, und so kann Schläfrigkeit im Zusammenhang mit einem vollen Magen wohl die Ursache des Unfalls gewesen sein. Und dann gibt es noch das Problem des menschlichen Versagens. Die Ursachen sind in jedem Fall vielfältig, sogar bei einem Autounfall. Es gibt nie nur eine einzige Ursache.

Es ist das Gleiche mit jemandem, der einen anderen umbringt. Die Polizei sucht viele Ursachen, aber schließlich wandert der Schuldige sowieso ins Gefängnis. Einmal dort angelangt, wird er von seinem Anwalt und vom Psychologen befragt, und doch verstehen auch diese nicht den Geist tief im Innern des Häftlings. Denn der Geist verändert sich ständig.

Es ist subjektive religiöse Reflexion, die in der letztendlichen Analyse der Wahrheit am meisten entspricht und die am wichtigsten ist. Die Wissenschaft mit ihren Schlussfolgerungen und ihrer objektiven Analyse der möglichen Ursachen ist unzureichend, und deshalb müssen wir eine wahre Beziehung zwischen Wissenschaft und Religion finden.

8. August, 6.30 Uhr

Kusen
Wenn Sie einfältig, weniger intelligent oder einfach unwissend sind, können Sie nicht glücklich werden. «Ich nehme Rücksicht auf andere, ich tue, was ich kann, strenge mich immer auf die rechte Art und Weise an, und noch dazu übe ich Zazen, und das seit langer Zeit – trotzdem bin ich nicht glücklich. Ich verstehe das nicht.» Das ist so, weil es nicht nur eine einzige Ursache gibt, sondern unzählige, die nicht nur eine, sondern viele Wirkungen zustande bringen.

So ist es auch mit der Wissenschaft und der Medizin. Heutzutage sind viele verschiedene Medikamente auf dem Markt. Wenn wir diese Medikamente aber missbrauchen – wenn wir zum Beispiel zu viele Pillen von einer Sorte nehmen –, dann wird unser Körper mit einer anderen Krankheit darauf reagieren, vielleicht mit Krebs. Viele Ärzte behandeln den Körper wie einen einfachen Mechanismus und stutzen ihre Diagnose auf das Prinzip «eine Ursache – eine Wirkung» zurecht. Sie kennen das Prinzip der Wechselwirkung nicht. Und so übersehen sie das Offensichtliche: dass zum Beispiel Nervosität direkt den Magen und das Gehirn angreift; oder dass eine schwache Leber oft leichter Erregbarkeit entspricht; oder dass eine kränkelnde Gallenblase auf eine physische Schwäche schließen lässt; oder dass schlecht funktionierende Nieren sich ungünstig auf die Herzfunktion auswirken und umgekehrt ein schwaches Herz die Nieren beeinflusst. Diejenigen, die zu viel essen, haben einen schwachen Kreislauf; sie haben zu viel Gas und Gift im Körper und ihr Körper stinkt. Und mit einem vergifteten Magen werden die Eingeweide nicht richtig funktionieren – so sind in der heutigen Zeit Magen und Darm, die mit dem Gehirn in einer Wechselbeziehung stehen, die anfälligsten Organe. Kurz, unsere inneren Organe stehen in Wechselbeziehung zueinander, und wird eines von ihnen krank, werden es schließlich alle.

Beim Zazen lernen Sie nicht nur Ihren Geist, sondern auch Ihren Körper verstehen. Wenn zum Beispiel Ihr Magen oder Ihre Lunge in schlechter Verfassung sind, werden Sie das erfahren, weil Sie es spüren. Wenn wir krank werden, sind es unsere schwachen Punkte, die zuerst angegriffen werden.

Heutzutage bestreitet die Wissenschaft die wechselseitige Abhängigkeit zwar nicht, misst ihr aber zu geringe Bedeutung bei, und so wird heute noch ein ganz bestimmtes Medikament für eine ganz bestimmte Krankheit verschrieben. In der Zukunft wird jedoch die Bedeutung der wechselseitigen Abhängigkeit offenbar werden, und wenn es so weit ist, werden die Wissenschaftler anfangen, die Ganzheit des Körpers zu beachten, bevor sie ihre Diagnose stellen.

Man muss jedoch Weisheit besitzen, um die Ganzheit zu sehen. Beim Zazen beobachtet man die Ganzheit von Körper und Geist.

In der europäischen Philosophie ist der Weg stets linear. Von Ursache zu Wirkung, von Ursache zu Wirkung. In einem immer größer werdenden Muster. Zuerst die Ursache, dann die Wirkung. Das Muster stützt sich auf die Zeit und nicht auf eine wechselseitige Beziehung. Für den westlichen Menschen ist es unvorstellbar, dass sich Ursache und Wirkung gleichzeitig ereignen oder gar die Wirkung vor der Ursache. Das ist seine Art zu denken.

Das Leben ist jedoch anders. Die Wirkung kann sehr wohl vor der Ursache erscheinen, da das Leben nicht immer vorwärtsschreitet – es kann sich auch rückwärts bewegen. Wenn Sie allerdings tot sind, können Sie weder vorwärts noch rückwärts gehen. Und obwohl Sie hier lebendig sind, sind Sie dennoch wie Tote, und deshalb müssen Sie die Erweckung erfahren. Sie müssen verstehen, dass alle Beziehungen wechselseitig sind, wechselseitig bedingt. Dann werden Sie in der Lage sein, alle Probleme Ihres täglichen Lebens zu lösen – sogar die Probleme in der Beziehung zwischen Mann und Frau.

Die Grundsätze der Wechselwirkung und des Karmas zeigen, dass unser Leben nicht nur für sich existiert. Nicht einmal beim Zazen ist man nur für sich selbst. Wir werden durch eine Kraft von außen, eine ganz andersartige Kraft, gelenkt. Wir leben nicht durch uns selbst, sondern durch die fundamentale kosmische Kraft. Sie lenkt uns. Beim Zazen können wir dieses Gefühl erfahren. Und wenn wir es erfahren, ist es Satori. Wenn Sie dies in der Tiefe Ihres Körpers und Ihres Geistes erfahren, werden Sie ein großes Satori haben.

Unser Leben verläuft in wechselseitiger Beziehung zwischen dem Ich und allen anderen Existenzen im Kosmos. Diejenigen aber, die ein zu starkes Ego haben, können das nicht verstehen. Sie sind egoistisch, und so werden sie krank und sind niemals zufrieden und glücklich.

Das Ego aufgeben heißt, die Beziehung, die bestehende Verbindung zu den anderen zu verwirklichen; das Ego aufgeben heißt, die große Kraft, die aus der Wechselbeziehung kommt, zu empfangen. Wenn in einem Körper die Krebszellen mit den gesunden in Berührung kommen, töten diese Krebszellen, die Ego-Zellen sind, die gesunden Zellen; von Ego angefüllt, durchdringen die Krebszellen alsbald den gesamten Organismus. Und so verhält es sich heutzutage mit unserer Zivilisation. Die Egoisten sind heute die Starken. Dadurch wurde die große Krise der modernen Zivilisation heraufbeschworen.

Diejenigen, die die Zazenpraxis während dieses Sesshin hier fortsetzen, werden ihren Egoismus verlieren. Sie müssen jedoch geduldig sein. Schließlich wird dann sogar ihr Zazen selbst Mushotoku werden – unbewusst, natürlich und automatisch.

Sogar die größten Egoisten werden sich beruhigen. Aber gerade jetzt sitzt eine Frau nicht weit von mir, die ständig heranrückt und drängelt, um in meine Nähe zu gelangen. Sie schiebt diejenigen, die zwischen ihr und mir sitzen; sie schiebt Philippe, der wiederum meine Sekretärin Anne-Marie schiebt, die dann mich schiebt. Ich sitze an der Tür, und wenn diese Frau weiterdrängelt, schiebt sie mich zur Tür hinaus.

Eine einzige egoistische Person beeinflusst durch die Wechselbeziehung alle anderen. Aber während eines Sesshin wachsen die meisten von uns über das Ego hinaus, und wenn dies geschieht, beginnen wir die Energie des Kosmos zu empfangen, und durch unsere Zazenhaltung wird unser Inneres ruhig. Und so strömt Energie nicht nur aus uns selbst, sondern aus jedem, aus allem, was existiert. Das ist wechselseitiges Sein, wechselseitiger Einfluss. Das nennt man Ki.

[Langes Schweigen.]

Ein einzelner brennender Ast im Ofen erzeugt nicht so viel Hitze und ein so großes Feuer wie viele Äste. Wenn Sie sich während dieses dreitägigen Sesshin tief auf Ihr Zazen konzentrieren, werden Sie es in Ihrem Körper und in Ihrem Geist fühlen. Das ist das Prinzip der Wechselwirkung.

8. August, 10.00

Kusen

Es ist schwierig, die Prinzipien der Wechselwirkung und des Karmas nur mit Worten zu erklären, und es ist noch schwieriger, sie mithilfe der Lehre von der Kausalität zu erklären.

In-en, Beziehung, ereignet sich nur im Zusammenhang mit wechselseitiger Abhängigkeit.[35] *In-en* ist also nicht nur einfach eine Ursache. Im *Visuddimagga-śāstra* wird erklärt, dass, wenn *en* erscheint, auch etwas anderes erscheint. Erscheint *en* nicht, erscheint auch das andere nichts. Wenn *en* versehwindet, verschwindet auch das andere.

Unser gesamtes Leben besteht aus Wechselwirkungen, bis hin zu den Bakterien in unserem Körper. Wenn bestimmte Bakterien im Darm fehlen, wird dieser nicht funktionieren. Man kann viele Beispiele finden, die dies veranschaulichen – und nicht nur bei den «empfindenden Wesen»[36], sondern auch bei den Tieren und den Pflanzen, zwischen denen ebenfalls wechselseitige Beziehungen bestehen.

Die Frage von Leben und Tod ist für die Menschheit von größter Bedeutung, und die Buddhalehre betrachtet diese Frage mit der Logik der wechselseitigen Abhängigkeit. «*Kū soku ze shiki – shiki soku ze kū.*» *Kū*, das Nichts, wird durch die wechselseitige Abhängigkeit zu etwas. *Shiki*, die Erscheinungen, werden durch wechselseitige Abhängigkeit zu *Kū*.

»Wechselseitige Abhängigkeit« heißt im Sanskrit *Pratyaya*, was »nach vorne schauen«, »vorwärtsgehen« bedeutet. Pratyaya kann aber auch »zurückkommen«, »zurückfallen«, »zurückspringen« bedeuten. Es kann durch die Vorstellung eines Balls, der gegen eine Wand geworfen wird und zurückprallt, verdeutlicht werden. So ver-

35 *In* = »Ursache«, *en* = »Karma«, »Wechselwirkung«. *In* ist die interne, direkte Ursache, durch die das Resultat erscheint; *en* ist die externe, indirekte Ursache. *En* ist eine unterstützende Ursache, von der direkten verschieden. Alle Handlungen geschehen im Einklang mit beiden: *in* und *en*.

36 Wesen, die sich als gefangen betrachten im endlosen Kreislauf von Geburt und Tod.

hält es sich mit einer Ursache: Die Ursache erscheint, geht und kehrt wieder. Wechselseitige Abhängigkeit ist die treibende Kraft der Ursache. Sie ist die Kraft, die die Wirkung verursacht. Und somit ist sie eine Bedingung. Deshalb wird unser Körper in der Tat von der Kausalität gelenkt. Aber durch die Willenskraft kann der Geist die Kausalität beeinflussen, und so entsteht das Prinzip der wechselseitigen Abhängigkeit.

Der Körper ist kompliziert. Er besitzt eine Menge Karma – manchmal zu viel. Aus diesem Grund ist es nicht so einfach, die alten Gewohnheiten des täglichen Lebens, der Familie, des Berufs und so weiter abzuschneiden. Wenn wir aber Zazen praktizieren, können wir alles abschneiden; dann vergessen wir den Körper. Sind wir einmal in diesen einsamen Zustand gelangt, können wir objektiv in unseren Geist hineinschauen, und so können wir tief vertraut werden mit uns selbst.

Unser Bewusstsein kann mit dem Kosmos kommunizieren, mit ihm eins werden.

Diese Art von Kommunikation mit unserem Körper herzustellen, ist sehr schwierig; unser Bewusstsein ist jedoch eine freie und kreative Kraft, und daher können wir durch unser Bewusstsein mit dieser ursprünglichen Kraft eins werden – insbesondere während der Zazenpraxis. In dem Augenblick, in dem dies geschieht, besteht eine wechselseitige Abhängigkeit mit dem Kosmos. Dieser Bewusstseinszustand ist kein Körperbewusstsein. Er ist Ki – unser Ki, unsere Energie, unser Geist/Bewusstsein in Verbindung mit dem Kosmos. Er ist der wahre Geist. Er ist Hishiryō-Bewusstsein. Auf diese Weise entstehen alle Existenzen, alle Erscheinungen der Welt und des Kosmos. Das ist wechselseitige Abhängigkeit.

Die Menschen können nicht jenseits des Stroms der Zeit gelangen, daher sterben sie. Der Tod besucht jeden von uns mindestens ein Mal. Alle Menschen hier wissen das. Der Tod existiert in der Zeit, daher gibt es das Prinzip der Kausalität – zuvor hatte ich »Fatalismus« gesagt). Der Mensch wird von der Zeitdimension beherrscht, und so sieht man ihn auch. Da aber die Lehren vom Karma und der wechselseitigen Abhängigkeit besagen, dass wir durch den Raum und nicht durch die Zeit begrenzt sind, können persönliche Willenskraft, Freiheit und Glück zum bestimmenden Einfluss in unserem Leben werden. Diese Freiheit ist jedoch durch den Raum beschränkt. Freiheit jenseits von Zeit und Raum ist eine mystische Erfahrung. Wenn wir verstehen, dass in der gesellschaftlichen Welt die Freiheit des Willens gänzlich durch den Raum begrenzt ist, sind wir zu unserem Karma, zu unserer wechselseitigen Abhängigkeit, erwacht und verstehen sie.

Ich fahre später fort für diejenigen, die jetzt schlafen. Und für die Schläfer werde ich auch ein Mondō geben.

Wenn Sie beim Zazen komplizierter Philosophie zuhören, kann das eine gute Sache sein. Wenn Sie aber nicht zuhören, wenn Sie nicht zuhören mögen, ist es auch recht; dann konzentrieren Sie sich nur auf Ihre Zazenhaltung. Es ist das Gleiche. Das Beste ist, zuzuhören, ohne zuzuhören, unbewusst, automatisch, natürlich.

[Langes Schweigen.]

Anschließend Mondō. Ein Mondō ist ganz und gar nicht vergleichbar mit Fragen und Antworten an den Universitäten. Manchmal ist eine Mondō-Antwort ein Kōan. Und manchmal ist die Antwort keine ... vor allem dann, wenn ich die Frage nicht verstehe ...

Mondō

Frage: Sensei[37], wie würden Sie den Unterschied zwischen bestätigtem Rinzai- und bestätigtem Sōtō-Satori erklären?

Meister Deshimaru: Im Sōtō-Zen gibt es keine Bestätigung des Satori. Anders im Rinzai-Zen. Das Shihō im Sōtō schließt jedoch Bestätigung mit ein. Im Rinzai wird man mit einer Reihe von Kōan getestet; es ist wie eine Prüfung. Im Rinzai-Zen ist Satori manchmal ein spezielles Phänomen. Die Rinzai-Schüler entwickeln durch das Bearbeiten der Kōan ein besonderes Bewusstsein, und manchmal kommt bei ihnen große Müdigkeit und sogar geistige Umnachtung vor. Wie auch immer, das Satori erscheint im Rinzai-Zen aus diesem besonderen Bewusstsein heraus. Das ist beim Satori im Sōtō-Zen nicht der Fall.

Frage: Kann man Satori bekommen, ohne Zazen zu praktizieren?

---

37 »Lehrer«; die übliche Anrede Meister Deshimaru gegenüber.

Meister Deshimaru: Zazen selbst ist Satori. Sie haben meinem Kusen nicht zugehört. Kein Zazen – kein Satori. Nur Verrücktheit. Zazen ist Shikantaza, es ist Satori selbst.

Frage: Sensei, was ist Nirvāna?
Meister Deshimaru: Sich in den Sarg zu legen.

Frage: Wenn man beim Zazen leidet, ist das Satori?
Meister Deshimaru: Ja. Je schlimmer der Schmerz, desto mehr vergessen Sie. Dadurch haben Sie ein großes Satori. Man braucht nicht zu denken: «Weil ich jetzt Schmerzen habe, verliere ich mein Satori.» Satori ist unwichtig. Wenn Sie nicht an Satori denken, haben Sie Satori.

Frage: Man soll keine Blumen töten. Warum praktiziert man dann Ikebana?
Meister Deshimaru: Dann praktizieren Sie eben kein Ikebana. Religion ist subjektiv; machen Sie sich keine Sorgen über andere und ihr Tun. Im Hīnayāna-Buddhismus, der vom Mahāyāna sehr verschieden ist, darf man nicht einmal der Buddhastatue eine Blume reichen.

Um viele Menschen zu retten, ist es jedoch erlaubt, einen einzelnen zu töten. So steht es in einem Sūtra geschrieben. Doch in so einem Fall liegt die Schwierigkeit in der Wahl, im Unterscheiden.

Einmal fragte ich meinen Meister Kōdō Sawaki, warum er in seinem Zimmer auf dem Tempelgelände Schnaps trinke. «Über dem Haupttor zum Tempel steht doch geschrieben», sagte ich zu ihm, «dass kein Alkohol dieses Tor passieren darf.»

«Ich bringe ihn nicht durch das Haupttor», antwortete Kōdō Sawaki. «Ich bringe ihn durch den Hintereingang.»

8. August, 16:00 Uhr

Kusen

Der Tod kommt bestimmt, da die Existenz des Todes mit dem Zeitstrom verknüpft ist und die Zeit durch das Gesetz von Ursache und Wirkung gelenkt wird.

Der Fatalismus ist nur eine Kategorie innerhalb dieser von der Zeit begrenzten Dimension.

Wie auch immer, um abzuschließen, was ich heute Morgen sagte, die Seele ist die Unendlichkeit. Die Seele ist nichts anderes als unendliches Karma, und das Ego ist die Verwirklichung der fundamentalen kosmischen Kraft. Das Ego ist eine unter allen Existenzen. Es ist ein Teil der kosmischen Kraft. Zu dieser Erkenntnis müssen wir erwachen.

Nun, heute will ich das Prinzip des lebendigen Nirvānas erklären.

Als mein Schüler Stéphane mich im Mondō fragte, was Nirvāna sei, merkte ich, dass er darüber noch nicht tief nachgedacht hatte, und so antwortete ich einfach, es bedeute, sich in den Sarg zu legen.

Nirvāna bedeutet im Sanskrit den vollständigen Tod. Warum spreche ich also vom lebendigen Nirvāna? Das lebendige Nirvāna ist die Essenz des Mahāyāna-Buddhismus. Es ist die Essenz des Zazen. Nirvāna ist Tod, und dennoch muss man beim Zazen vollkommen wachsam und nicht schläfrig sein. Das ist ein Widerspruch.

Unser Dasein trachtet nach dem ewigen Leben, es ist aber das Wesen des Geistes und nicht das des Körpers, das auf der Suche ist. Wenn der Körper stirbt, gehen die vier Elemente, aus denen er zusammengesetzt ist, wieder in den Kosmos ein. Und so enden die Bestandteile des Körpers nie. Da Geist und Körper eine Einheit bilden, verbleibt der Geist wie der Körper ebenfalls ewig im Kosmos. Wenn es also unser Wunsch und unser Verlangen ist, in der Ewigkeit zu leben, so ist es möglich, dies zu verwirklichen – denn die Ewigkeit existiert. Und das Verlangen danach ist ihre Verwirklichung. Das wird lebendiges Nirvāna genannt, und obwohl dieser Zustand nicht als Hier und Jetzt bezeichnet wird, kann er hier und jetzt erreicht werden. Das ist im Grunde Zazen. Das ist die große Hoffnung des Menschen: weiterleben – wenn schon nicht im Körper, dann doch im Geist.

Eine der Methoden, den ewigen Geist zu erlangen, ist die Askese. Die Askese besteht in der Praxis des Abschneidens aller Bonnō[38] des Körpers. Durch das Abschneiden aller Hindernisse, die durch den Körper verursacht werden, kann der Geist weiter- und weiterleben, wie ein strahlendes Licht.

38 Die Illusionen.

Alexis, nicht bewegen! Sonst gibt man dir Kyōsaku ... Oh, er versteht nicht. Er ist ja erst fünf.

Es gibt eine andere Methode, das lebendige Nirvāna zu erreichen, und diese ist der eben beschriebenen genau entgegengesetzt. Die erste Methode erfordert große Geduld; sie basiert auf der Technik, die Bonnō innerhalb des Körpers zu unterdrücken, sie zu verdrängen. Die andere Methode basiert auf dem Verbrennen der Gifte des Körpers – darauf, die Bonnō auszuleben und sie nicht zu verdrängen. Der Weg besteht hierbei darin, Bonnō wie Essgier, Sex, Liebe und so weiter bis zur Erschöpfung zu praktizieren – dies führt zu einem Zustand der Ermüdung, in dem man kein Verlangen mehr hat nach übermäßigem Essgenuss, Sex und Verliebtheit. Sind diese Bonnō – wie zum Beispiel der Sex – ein für allemal ausgelebt, wird unser Verlangen danach völlig absterben, und unser Geist wird friedlich und ohne die Spuren lauernder Bonnō sein. So wird es im tantrischen Buddhismus praktiziert.

Die großen Doktoren der Religion benutzen die eine oder die andere Methode; die eine, die auf der Geduld beruht, die andere, die der Masturbation gleichkommt. Die eine absorbiert die Gifte innerhalb des Körpers, die andere macht von außen davon frei.

Wir dürfen jedoch nicht vergessen, dass das Ziel dieser Methoden das Erreichen des lebendigen Nirvānas ist – und so sind beide nur ein Hilfsmittel zum Erreichen einer höheren Dimension. Hierbei darf man aber nicht der Methode selbst verfallen, das heißt, man darf sich nicht verirren lassen in seinem Bemühen, sich von den Bonnō des Körpers loszureißen, weil man sonst nie in Verbindung treten kann mit der fundamentalen kosmischen Kraft.

Keine dieser beiden Methoden ist jedoch in ausreichender Weise genau; es fehlt ihnen an Perfektion, und sie sind für diejenigen, die die fundamentale kosmische Kraft erreichen möchten, nicht vollständig genug.

Śākyamuni Buddha selbst lernte beide Methoden kennen. Buddha, der in einem Palast lebte, von den entzückendsten Frauen umgeben und mit kostbarster Nahrung versorgt, geriet in einen Zustand der Übersättigung. So flüchtete er vor diesem Leben, vor dieser «Methode», und wandte sich den damaligen traditionellen Methoden der Hindu-Meditation und des Yoga zu; er praktizierte sechs Jahre lang Askese – bis er vor Hunger und Erschöpfung fast gestorben wäre. Nachdem er diese beiden Methoden erfahren hatte, kam er schließlich dazu, Zazen zu praktizieren. Und dadurch erlangte er das große Satori, als er von seinem Platz unter dem Bodhibaum den Morgenstern sah. Auch Nāgārjuna[39] und später Bodhidharma machten Bekanntschaft mit diesen beiden Methoden. Nach seiner Ankunft in China jedoch und nach der Begegnung mit dem Kaiser konzentrierte sich Bodhidharma einzig und allein auf die Praxis von Shikantaza – auf Zazen. Natürlich machte er auch Pipi, schlief zwischendurch und praktizierte sogar Karate. Er konzentrierte sich aber letztlich nur auf eines: auf Zazen.

Tatsächlich machten alle großen Meister der Überlieferung Erfahrungen mit diesen beiden Methoden.

Unsere Bonnō durch Askese abzuschneiden, ist in der Tat sehr schwierig. Andererseits ist es schlichtweg gefährlich, die höheren Dimensionen mithilfe der sexuellen Praktiken des Tantrismus erreichen zu wollen – insbesondere für den Durchschnittsmenschen. Fehler geschehen leicht, und das erzeugt schlechtes Karma. Mehr noch, der Tantrismus ist aufgrund seiner sexuellen Praktiken offen für Kritik und Angriffe aus der Welt der Moralisten, die um ihre Sitten fürchten, und so wird er durch diese Angriffe von außen zwangsläufig beeinflusst.

Ich möchte damit sagen, dass Zazen, welches diese beiden Methoden umfasst, die einzig ausgewogene Methode ist, um das absolute und vollständig lebendige Nirvāna hier und jetzt – unmittelbar – zu erreichen, da Zazen über die Askese und den Tantrismus hinausgeht.

Man kann weder die ewige Existenz des materiellen Körpers noch die des spirituellen Geistes verneinen. Andererseits können wir nicht im Augenblick unseres Todes beider ewige Existenz bestätigen. Wir können in diesem Augenblick auch nicht beweisen, dass die

---

39 Lebte 100–200; der größte Bodhisattva in der Geschichte des Buddhismus, der 14. Vorfahre seit Buddha; Gründer der Madhyamika- oder Mittlerer-Weg-Schule; obwohl ein Mann des Lernens und Wissens, verbrannte er schließlich all seine Bücher und Sūtras und widmete sich, ähnlich wie Dōgen, gänzlich dem Studium des Kesa.

Seele weiterlebt, obwohl der Körper stirbt. Wir können jedoch wohl bestätigen – da es eine Tatsache ist –, dass die Bausteine unseres Körpers nach dem Tod im Kosmos verbleiben, und so können wir erklären, dass auch unser Geist im Kosmos verbleibt. Daher kann man sagen, dass dieser Geist, der mit einer Entität, einer Seele, nichts zu tun hat, allein das Karma dieses Geistes ist.

Ich möchte noch etwas Wichtiges anmerken; dass dieses Karma unseres Körpers und unseres Geistes, dieses Ego unseres Körpers und unseres Geistes, keine Substanz, kein Numen hat. Unser Karma, unser Ego, wird von der fundamentalen kosmischen Kraft gelenkt – aufgrund seiner wechselseitigen Beziehungen mit allen Existenzen. Die Substanz existiert nach dem Tod nicht weiter; unser Karma jedoch existiert in Form der Erscheinungen – und so, wegen seiner wechselseitigen Abhängigkeit von allen Existenzen, setzt sich unser Karma ewig fort. Unser Karma, als Erscheinung betrachtet, wird im Deutschen «das wahrhaft Seiende» genannt. Es ist der Fluss der Existenz, der Strom unseres Selbst, innerhalb der großartigen kosmischen Ordnung.

Wenn es also unser Wunsch, unser Verlangen, unsere Hoffnung ist, in der langen Ewigkeit weiterzuleben, dann sei dem so. Unser Geist kann in der Ewigkeit des Kosmos weiterleben.

Das ist das größte Glück, das der Mensch finden kann. Das ist lebendiges Nirvāna.

Konzentrieren Sie sich. Die letzten Minuten des Zazen sind am fruchtbarsten. Wenn Sie jetzt durch große Schwierigkeiten hindurchgehen, kann Ihr Zazen sie lösen, da Zazen selbst lebendiges Nirvāna ist. Einige hier sind nicht glücklich; ihr Zazen ist zu schmerzhaft. Sie brauchen, sie wollen das lebendige Nirvāna nicht. Wenn sie aber ihre Konzentration fortsetzen, werden sie verstehen.

Mondō
Frage: Sensei, da die Bestätigung des Satori als so wichtig im Zenbuddhismus betrachtet wird, wie wurde das Satori des Buddha Śākyamuni bestätigt?
Meister Deshimaru: Durch die fundamentale kosmische Kraft. Durch den Morgenstern.

Buddha Śākyamuni sagte niemals, dass er Satori erlangt habe. Er verstand vollständig durch seinen Körper und durch seinen Geist, und er wurde zur Einheit. Er vergaß damals alles, und er fühlte seinen Körper und seinen Geist im Einklang mit der kosmischen Kraft – durch Erfahrung. Sie müssen diese Erfahrung selbst machen – jeder von Ihnen muss sie selbst machen.

Frage: Sie sprechen über Ki. Ist Ki auch eine Form der Atmung?

Meister Deshimaru: Ki ist Konzentration auf einen einzigen Augenblick, einen Moment. [Der Meister stößt plötzlich ein lautes «Kiai» aus, einen Schrei, der vorwiegend in den Kampfkünsten benutzt wird. Er ist Ausdruck von Ki, ein Vorgang des Sammelns von Aktivität, die zu Stimme wird; Aktivität, die durch die Stimme erscheint.] Das ist Ki. In einem einzigen Augenblick den anderen töten. Manchmal benutze ich diese Methode, wenn ich das Kito-Sūtra (ein zeremonielles Sūtra ohne große Bedeutung) rezitiere. [Der Meister macht ein zweites Kiai.] Das ist keine mystische oder magische Kraft.

Frage: Sind Ihre Kusen beim Zazen wirklich nötig?

Meister Deshimaru: Es ist nicht nötig, meinem Kusen zuzuhören. Sie sind genauso wie der Fluss im Tal.

Aber ohne Kusen denken Sie an Ihre Illusionen: «Was werden wir heute essen?» – «Hm, dieses Mädel würde ich gerne in seinem Zimmer besuchen.» – «Wie kann ich all dem hier entkommen?» Dann sage ich: «Nicht bewegen! Das Kinn zurückziehen!» Das ist ein großes Kusen. Klar?

Antwort: Nein.

Meister Deshimaru: Wenn Sie meine Kusen nicht hören wollen, müssen Sie hinausgehen. Dann ist es besser für Sie, draußen vor dem Dōjō Zazen zu praktizieren. Für die Anfänger ist es manchmal besser draußen. Verstehen Sie jetzt?

Antwort: Nein.

Meister Deshimaru: Sie haben zu viel Ego. Sie sollten wirklich draußen praktizieren.

Frage: Was ist Kenshō?

Meister Deshimaru: Es bedeutet, sein wahres Wesen zu betrachten. Ein Fachausdruck im Rinzai-Zen, Kenshō. Rinzai-Praktizierende wollen ständig Diskussionen. Kenshō heißt das eigene Satori betrachten.

Im Sōtō möchte der wahre Meister von anderen betrachtet werden, damit diese sein Satori bestätigen können. Deshalb ist das Rinzai-Kenshō im Sōtō eine verbotene Lehre.

Wenn wir in uns selbst schauen, sehen wir nur, dass wir kein Numen haben. Das ist es, was Buddha sah. Nichts anderes. Er sah, dass er ohne Substanz war; er sah, dass sein Numen die fundamentale kosmische Kraft war – dass er selbst die fundamentale kosmische Kraft war.

Erst danach behaupteten die anderen, Buddha habe Satori. Buddha selbst sagte es niemals.

Kenshō ist nicht notwendig. Wir alle wissen ja, dass wir kein Numen haben. Buddha lehrte es. Zazen ist wichtiger.

8. August, 20.30 Uhr

Kusen

Zazen erreicht das lebendige Nirvāna. Es ist Nicht-Geist. Es ist Hishiryō. Es ist absolutes Denken. Es ist jenseits des Denkens. Es ist das Aufgeben des Egos. Es ist das Vergessen des Egos. Es bedeutet, das Ego innerhalb der fundamentalen kosmischen Kraft zu vergessen. Auf diese Weise wird es philosophisch bestätigt, und es wird durch die kosmische Kraft bestätigt. Lebendiges Nirvāna ist tiefe religiöse Kommunikation mit der kosmischen Kraft.

[Langes Schweigen.]

Die Tantriker glauben, dass nach der Erfahrung völliger sexueller Befriedigung der Geist leer wird, und dass man auf diese Weise das lebendige Nirvāna erreichen kann. Die Asketen glauben, dass mit dem Abtöten des Körpers der Geist erwacht und dass man auch auf diese Weise lebendiges Nirvāna erreicht. Die einen erreichen Leerheit des Geistes durch sexuelle Befriedigung, die anderen durch völliges Abschneiden.

Obwohl diese beiden Methoden einander entgegengesetzt sind, haben sie beide das gleiche Ziel – die Bonnō abzuschneiden.

Diese Methoden sind beide nicht natürlich. Es ist nicht notwendig, die Bonnō abzuschneiden. Zazen geht darüber hinaus – es ist jenseits des tantrischen Buddhismus und jenseits der Askese.

Ewig zu leben bedeutet für den Menschen das höchste Glück. Sein Wunsch ist, dass seine Seele unsterblich sei. Deshalb dachten Heilige, Weise und religiöse Menschen seit Urzeiten darüber nach. Aber was sie auch dachten, sie starben ebenfalls. Ihre Namen wurden berühmt, ihre Lehre, ihre heiligen Worte, ihr Geist existiert noch – und auch ihr Grab. Nicht aber ihre Seelen.

Die Menschen werden durch den Tod des Körpers betrübt. Ich selbst erfuhr es in meiner Kindheit, beim Tod meiner Großmutter. Ich rüttelte an ihrem Sarg und fragte: «Warum bist du tot?» Sie hatte mich immer gemocht, aber das half nichts – sie blieb tot. Man legte ihren Körper auf den Scheiterhaufen, und ich sah zu, wie er verbrannte. Es war auf dem Land, wo Sie solch ein Ereignis noch heute sehen können. Und so beobachtete ich die rote Flamme und den blauen Rauch, und der Rauch stank. All das stimmte die Anwesenden traurig.

Wenn auch ihr Körper verbrannt wurde, ihre Seele würde trotzdem noch existieren – so glaubte ich. Ich wollte nicht wahrhaben, dass ihre Seele auch verbrannt wurde. Jahre später, als ich schon in Paris war, erlitt ich erneut einen Schock, als meine Sekretärin Rose-Marie bei einem Autounfall ums Leben kam. Man legte ihren Körper in einen Sarg und begrub ihn, und ich wurde wieder sehr traurig. Wieder einmal hoffte ich, dass ihre Seele in dieser Welt verbleiben würde. Solches Denken ist aber ein Aspekt von Egoismus. Der Egoismus bewirkt, dass wir Angst haben vor dem, was nach dem Tod kommt.

Im Buddhismus wird die Frage nach der Unsterblichkeit der Seele nicht diskutiert. Nicht etwa aus Sentimentalität, sondern weil diese Frage nicht durch Diskussion oder durch die Vernunft gelöst werden kann, da es eine Frage der Intuition ist.

Seit Urzeiten will der Mensch an die Unsterblichkeit der Seele glauben. Und religiöse und spirituelle Menschen leugnen sie nicht, ungeachtet dessen, was man an Gegenargumenten vorbringt, da auch sie an die Ewigkeit und an den reinen Geist glauben möchten. Kant sagte, dieser Glaube an die Unsterblichkeit der Seele rühre von einem elementaren menschlichen Bedürfnis her. Ich bin da anderer Ansicht. Ich glaube vielmehr, es handelt sich hier um eine liebevoll gepflegte Leidenschaft des Menschen.

Der Mensch möchte mit der Seele in der Ewigkeit weiterleben, und er möchte selbst den Körper so lange wie möglich erhalten. So ist es auch im Christentum. Man begräbt den Körper auf einem Friedhof, damit er möglicherweise in den Himmel komme. Wie die hier anwesenden Amerikaner sicher wissen, wird heutzutage in den USA dem toten Körper große Sorgfalt gewidmet, und in den amerikanischen Bestattungsinstituten geht man sogar so weit zu versuchen, ihm ein lebendiges Aussehen zu verleihen. Was diese Menschen wollen, ist nur, dass der tote Körper ewig lebt. Wir müssen dieses Problem für uns selbst ganz klar lösen – ein für allemal.

Buddha verneinte die Unsterblichkeit von Körper und Seele. Er befürwortete die Verbrennung, um das Anhaften an den Körper zu vermeiden. Im Buddhismus verbrennt man den Körper. Keine Anhaftung.

Das Sūtra, das von dem griechischen König Milinda und dem Bodhisattva Nagasena berichtet, enthält ein Gespräch über diese Frage der Existenz der Seele und des Numens. Der König fragte den Bodhisattva: «Gibt es die Seele, oder gibt es sie nicht?»

Der Bodhisattva gab zur Antwort: «Sie existiert nicht.» (In alten Zeiten glaubten die Menschen, dass der blaue Rauch oder die blauen Flammen, die manchmal nach einem Regen über dem Friedhof oder dem Scheiterhaufen, auf dem der Körper verbrannt wurde, zu sehen sind, die Seelen selbst wären. So drehte sich die Frage des Königs insbesondere um die Realität der Seats. Heutzutage weiß jeder, dass diese blauen Flammen nicht mehr sind als eine chemische Phosphoreszenz.)

Dann wendeten sich die Fragen des Königs höheren Dimensionen zu und wurden philosophischer. Er fragte Nagasena: «Existiert das Ātman?» (Mit Ātman meinte er ein Numen, ein Ego, die spirituelle Substanz des Körpers oder der Seele.) Nagasena verneinte auch dessen Existenz.

Ich werde morgen weitermachen.

9. August, 6.30 Uhr

Kusen
Heute Mittag endet hier in Val d'Isère das zweite Sesshin.

Ich stelle besonders den Anfängern die Frage: Was bedeutet Zazen für Sie? Zazen ist Shikantaza. Und ich frage auch: Warum praktizieren wir Zazen? Das ist es, was Sie verstehen müssen. Zazen ist weder für unsere Gesundheit noch ausschließlich für unseren Körper da. Zazen ist vor allen Dingen ein Problem des Geistes. Haltung und Atmung sind sehr wichtig. Was ist aber mit unserem Bewusstsein? Wie sollte das sein?

Gestern Abend sagte ich: Wenn der Körper stirbt, kehren seine Bestandteile in den Kosmos zurück, zur Erde. Der Geist bleibt.

Unser Körper wird nicht mehr oder weniger. Alle Existenzen dauern fort; sie enden nicht. Sie verändern sich, aber sie werden nicht mehr oder weniger.

Denen, die heute wegfahren, möchte ich Folgendes mit auf den Weg geben: Beim Zazen wird der Körper friedlich; es ist, wie wenn man in seinen Sarg steigt. Sie müssen im Dōjō beim Zazen in Ihren Sarg steigen, Sie müssen sterben. Das bedeutet, dass Sie Ihren Körper vergessen müssen, Sie müssen ihn aufgeben, sodass nur der Geist bleibt. Und schließlich werden Sie sich automatisch, natürlich, unbewusst konzentrieren – auf das Bewusstsein, auf den Geist. Und so werden Sie eins mit der fundamentalen kosmischen Kraft. Das ist Hishiryō-Bewusstsein.

Sie müssen jedoch mit Überzeugung handeln. Das ist Satori – Buddhas Satori. Überzeugung Ihrer selbst. Es ist nicht notwendig zu denken: «Jetzt habe ich meinen Körper vergessen und aufgegeben; mein Körper ist tot. Jetzt muss ich meinen Geist mit dem Kosmos vereinen.» Das braucht man nicht zu denken; Denken überhaupt ist hier unnötig.

Alle Vorfahren in der Übertragung des Dharmas bestätigen, dass Zazen selbst Satori ist. Das bedeutet, dass Ihr Bewusstsein beim Zazen Hishiryō wird. Es bedeutet, dass Sie in Einheit mit der kosmischen Ordnung gelangen. Das ist lebendiges Nirvāna. Sie leben jetzt, Sie sind nicht tot. Aber beim Zazen ist Ihr Körper tot, vergessen, aufgegeben. Die Seele, der Geist und sogar der tote Körper können dann eine Einheit mit dem Kosmos werden, auf ewig.

Hiervon müssen Sie jedoch überzeugt sein. Wenn Sie dieser Überzeugung sind und wenn es eine starke Überzeugung ist, dann werden Sie stärker und glücklicher, viel stärker und glücklicher, und Sie werden in Ewigkeit weiterleben – nicht nur nach dem Tod, sondern auch in diesem Leben, wie jetzt. Hier und jetzt wird Ihr Leben zur Ewigkeit. Und so ist Ihr Befinden unmittelbar vor Ihrem Tod mit Ihrem jetzigen Befinden identisch.

Nach dem Tod können Sie lange leben – ohne Schmerzen im Körper, ohne das Ego vergessen zu müssen, ohne den Körper aufgeben zu missen. Im Tod vergessen Sie Ihren Körper unbewusst, automatisch, natürlich. Und in diesem Augenblick wird das Bewusstsein automatisch eins mit der kosmischen Kraft, und so können Sie, wenn Sie wollen, in der Ewigkeit leben. Hier und jetzt leben Sie in wechselseitiger Beziehung zwischen dem Ego und der kosmischen Kraft. Wenn aber jene Einheit zustande kommt, endet Ihr Karma, das gute wie das schlechte. Das gute und das schlechte Karma werden Kū. Sie gehen gemeinsam in die kosmische Kraft ein, und wenn Ihr Körper stirbt, können Sie selbst ewig weiterleben.

Wir müssen jedoch Überzeugung haben. Das ist Satori. Haben wir keine Überzeugung, ist das alles nur Wissen. So ist das wahre Zazen. Den Körper vergessen. Nichts als den Körper übrig lassen.

Beim Zazen bewegt sich der Körper nicht. Er ist wie der Körper in einem Sarg. So wird die Einheit Geist/Bewusstsein stark. Die Aktivität von Geist und Körper wird stark. Sie können es fühlen. Manche von Ihnen fühlen nur Schmerz. Durch die korrekte Haltung und die korrekte Atmung wird jedoch Ihr Geist, Ihr Bewusstsein, mit der kosmischen Kraft vereint.

Hier ist ein japanisches Gedicht, ein Tanka, ein wenig lustig formuliert:

Bis heute glaubte ich,
es hätte nur mit den anderen Menschen zu tun.
Aber, ach wie schrecklich,
auch ich muss jetzt sterben.

Ich hoffe, dass Sie alle das Problem des Todes selbst lösen werden, hier und jetzt, und dass Sie durch Zazen eine starke Überzeugung finden.

Jetzt werde ich das *Sandōkai* rezitieren.

9. August, 10.00 Uhr

Gestern Abend sagte ich, dass Buddha die Existenz eines Ātman, einer Seele, verneinte. Buddhas Ziel war das ewige Leben des Geistes. Er war davon überzeugt, und deshalb erlangte er die wahre Freiheit.

Da Ihr Geist zur kosmischen Kraft zurückkehrt, können Sie das ewige Leben verwirklichen – durch Überzeugung. Das ist lebendiges Nirvāna. Satori ist subjektive Überzeugung plus objektive Bestätigung des Meisters. Satori ist die Überzeugung von der Existenz des ewigen Geistes.

Das letzte Zazen dieses Sesshin.

Konzentrieren Sie sich! Letztes Satori!

Heute kommt das Fernsehen, daher wird dieses Zazen schon in fünfzehn Minuten zu Ende sein. Dann Kaijō und Zeremonie. Es gibt also noch zweimal Zazen. Das ergibt doppeltes Satori. [Allgemeines Lachen.]

Letztes Mal Kyōsaku. Ich werde es selbst geben ...

3

12. August, 10.00 Uhr

Heute beginnt hier in Val d'Isère das dritte Sesshin. Für die Anfänger ist Zazen hier am wichtigsten. Ihr Leben muss von Zazen bestimmt sein. Essen, arbeiten, schlafen – all dies muss von Zazen geleitet sein. Sie müssen sich auf alles, was Sie tun, konzentrieren; sogar wenn Sie auf die Toilette gehen, müssen Sie sich konzentrieren. Zazen ist keine Askese, es ist aber auch nicht der Club Mediterrané. Wir sind nicht zum Vergnügen hier. Wir sind hier, um uns selbst zu finden.

Im täglichen Leben machen die Leute nichts als denken, denken, denken. Sie denken mit dem Vorderhirn, und sie sind immer sehr beschäftigt. Ständig damit beschäftigt, an ihre Bonnō zu denken – ans Essen, ans Geldmachen, ans Lieben und so weiter. Aber hier in diesem Sommerlager, beim Zazen, können Sie das Denken mit dem Vorderhirn anhalten und stattdessen den Hirnstamm benutzen. Makrokosmisches Denken. Zazen bedeutet Kommunikation mit der fundamentalen kosmischen Kraft.

Glücklicherweise gibt es hier das wundervolle Rauschen des Flusses, der aus dem Tal zu uns kommt. Die Stimme des Flusses ist ein großes Sūtra – die Stimme der kosmischen Wahrheit. Sie können es hören – unbewusst, automatisch, natürlich – mit Ihrem Körper.

Beim Zazen ist die Haltung von größter Bedeutung. Kinn zurückziehen, Hüfte strecken. Nase in gerader, senkrechter Linie mit dem Nabel. Schultern nach unten. Die Handhaltung ist auch sehr wichtig. Die Daumen müssen sich berühren, weder Berg noch Tal bildend. Konzentrieren Sie sich auf die Finger.

Auch die Atmung ist äußerst wichtig. Besonders die Anfänger müssen sich auf die Ausatmung konzentrieren – eine lange, lange, lange Ausatmung. Und jetzt konzentrieren Sie sich auf das Kikaitanden, unter dem Nabel. *Ki* bedeutet «kosmische Kraft», *kai* «Ozean», und *tanden* ist das essenzielle Feld dieser kosmischen Kraft. Wenn Ihre Haltung gut ist und Ihre Konzentration auf die Ausatmung gerichtet, empfangen Sie die kosmische Kraft.

Meditation ist in dieser krisenhaften modernen Zivilisation sehr wichtig geworden. Gestern bekam ich einen Brief von einem hinduistischen Mönch. Er schreibt, dass man in Mailand ein wichtiges Treffen zwischen Hindus, Buddhisten und Christen organisiert. Der Papst hat dies in die Wege geleitet. Das Treffen findet in der Zeit vom 30. September bis 28. Oktober statt und wird dann in Rom fortgesetzt. Am 20. Oktober wird es im Vatikan eine Audienz beim Papst geben. Das ist ein sehr kompliziertes Meditationstreffen. Der Papst wünschte, dass es zwölf christliche Mönche sein sollen, zwei buddhistische, ein tibetanischer und ein Theravāda-Mönch. Ich bin eingeladen, um den Mahāyāna- und Zenbuddhismus zu repräsentieren. Ich muss also antworten.

Was hat das zu bedeuten? Ich kann diese hinduistisch-tibetanisch-christliche Meditation nicht verstehen. Ich kenne nur Zazen. Buddha entschied sich für die Zazenhaltung und damit für die Trennung von der traditionellen hinduistischen Meditation. Das Mahāyāna-Zen konzentriert sich nur auf Zazen. Zazen ist die höchste Meditation. Es geht sogar über die Meditation selbst hinaus.

[Das Glockenzeichen zum Kinhin ertönt.]

Kinhin ist Meditation im Gehen, aber es ist nicht wie Gehen. Es ist eher Meditation im Stehen, Zazen im Stehen. Kinhin ist sehr schwierig; es ist schwieriger als Zazen.

[Ein Glockenzeichen beendet das Kinhin.]

Nach dem Kinhin müssen Sie schnell zu Ihrem Zafu zurückgehen. Ich merke mir den Letzten. Während der ersten beiden Sesshin sagte ich, dass der Langsamste einen Preis erhält, aber noch kann ich nicht sagen, wer es sein wird.

13. August, 7.30 Uhr

Konzentrieren Sie sich unter dem Nabel. Konzentrieren Sie sich auf die Ausatmung. Die Ausatmung dauert beim Zazen länger als die Einatmung, so wird sie in der Lunge tief und stark. Ihre Zazenhaltung muss eine große Würde ausstrahlen. Drücken Sie den Himmel mit dem Kopf, die Erde mit den Knien. Kinn zurückziehen, Kinn zurückziehen.

Die Haltung der Hände ist sehr wichtig. Die linke Hand liegt in der rechten, und beide ruhen auf den Füßen; unterhalb des Nabels berühren sie den Bauch. Die beiden Daumen müssen Kontakt miteinander haben. Zu viel oder nicht genügend Druck zwischen den Daumen ist nicht so gut. Die Hände sollen die Form eines Eies bilden. Die Daumen der meisten hier fallen nach unten.

Die Daumen und die Finger bilden ein Oval direkt auf dem Kikaitanden. Der Name für die Position der Hände ist *Hōkai-jō'in*. *Hōkai* bedeutet «Kosmos», *in* bedeutet «die Seele», «die Prägung», «das Symbol», *jō* steht für Zazen.

Kusen

Ich wiederhole immer wieder Meister Dōgens Worte aus dem *Fukanzazengi*: «Denkt, ohne zu denken. Wie denken wir, ohne zu denken? Wie denken wir nicht-denkend? Das geht über das Denken hinaus. Das ist Hishiryō. Hishiryō ist das Geheimnis des Zazen. Zazen ist die höchste Meditation; es ist jenseits der Meditation.»

Durch die Physiologie des Gehirns bedingt denken wir immer mit dem Vorderhirn. In der modernen Zivilisation mit ihren intellektuellen Methoden der Erziehung wurde das Vorderhirn völlig überentwickelt. Wir denken wissenschaftlich und benutzen nie das Stammhirn, den Thalamus. Tiere dagegen benutzen nie das Vorderhirn, sie denken nur mit dem Thalamus, dem Stammhirn. Dieses ist der Sitz des Instinkts, es ist das Gehirn der Natur. Es ist der Einklang mit der kosmischen Ordnung, und so ist es mit diesem Hirn möglich, sich mit der kosmischen Ordnung zu verbinden.

Physiologen wie Paul Chauchard und Konrad Lorenz sagen, dass unsere heutige Zivilisation sich deshalb in der Krise befindet, weil das menschliche Stammhirn schwach und krank geworden ist.

Der Thalamus steuert den Körper, der Hypothalamus die Vitalität. Beim Zazen steigt der Hormonspiegel im Hypothalamus, und so werden wir stärker. Wir alle fühlen nach dem Zazen diese Stärke in uns.

[Jemand ist in Ohnmacht gefallen und wird vom Kyōsaku-Assistenten aus dem Dōjō getragen.]

Wenn schwache Menschen – diejenigen mit einer Krankheit der Nerven – zum ersten Mal Zazen praktizieren, werden sie eine starke Reaktion spüren. Das ist so, weil Ihr Körper und Ihr Geist zu ihrem natürlichen Zustand zurückkehren. Das ist schwierig für sie, aber das macht nichts. Sie kehren nur einfach zu Ihrem natürlichen Zustand zurück.

Dōgen schrieb: «Denkt nicht mit dem Denken.» So übersetzt man es negativ formuliert. «Denkt nicht-denkend» ist die positive Form.

Im *Shiki soku ze kū, kū soku ze shiki* des *Hannya Shingyō* ist *shiki* «die Erscheinungsform» und bedeutet «Denken».

Kū ist Leerheit und bedeutet Denken aus dem Nicht-Denken heraus.

Kū ist Nicht-Denken.

Kū ist Konzentration.

Konzentration in Kū ist die Rückkehr der Gedanken zum Stammhirn.

Kū ist die Rückkehr zur Natur.

Kū ist die Ursprünglichkeit unserer Natur.

Kū, welches Leerheit ist, bedeutet das Bewusstsein des Makrokosmos. Und auf diese Weise ist Kū mit der kosmischen Ordnung verbunden.

Wir sind immer auf der einen Seite oder auf der anderen Seite. Wir wollen Freiheit, wir wollen uns im Kosmos ausbreiten – indem wir das Vorderhirn benutzen. Das sind Widersprüche. Und wie gehen wir mit diesen Widersprüchen um? Der Umgang mit diesen Widersprüchen ist in der heutigen Welt ein großes Problem.

Die Lehre vom Karma und die Lehre von Kū sind die zwei grundlegenden Prinzipien des Mahāyāna-Buddhismus. Sie stellen die zwei Pfeiler des Mahāyāna dar. Karma ist die Handlung unseres Körpers, unseres Geistes und unserer Worte: «*Kū soku ze shiki.*» Leerheit wird zur Erscheinung. Das ist die Bejahung. Kū dagegen entspricht dem «*shiki soku ze kū*». Erscheinung wird zur Leerheit. Das ist die Verneinung.

Im täglichen Leben schauen die meisten Menschen nach außen; sie sehen sich objektiv um. Zazen bedeutet, nach innen zu schauen. Während dieses Sesshin müssen Sie nach Innen schauen, nicht nach außen, und so werden Sie mit Ihrem eigenen Ich vertraut. Schauen Sie auf Ihr Ich, betrachten Sie es subjektiv. Was ist das Ich?

Wir müssen uns selbst betrachten. Was sind wir?

Wir sind das lebendige Zentrum von Zeit und Raum. Während der Zazenpraxis können wir eine Veränderung fühlen, selbst wenn wir unverändert erscheinen. Beim Zazen können wir unser Ego fühlen, unser Bewusstsein, unser Gehirn, wie es sich ständig verändert, selbst wenn unsere Substanz unverändert erscheint. Und trotzdem bemerken wir in unserem täglichen Leben diese Veränderungen nicht.

Was ist das Ich, das Ego? Das Ego verändert sich ständig. Was ist die Substanz des Ego? Und wo befindet sie sich? Wir können es nicht herausfinden. Die meisten Menschen glauben, dass sich die Natur nicht sehr verändert – die Welt, die Gebirge, die Flüsse. Und doch können wir beim Zazen hören, wie sich die Stimme des Stromes ständig verändert. Alle Existenzen sind unbeständig, das Ego genauso. Und es gibt kein Numen.

Konzentrieren Sie sich. Die letzten Minuten des Zazen sind die wichtigsten. Wenn Sie nicht länger geduldig sein können, so gedulden Sie sich. Dann werden Sie tiefe Konzentration erreichen.

13. August, 21.00 Uhr

Kusen

Im *Yuima-kyō* (Vimalakīrti-nirdesa-sūtra) traf Yuima den Śāriputra, der in der Zazenhaltung im Wald saß, und sagte zu ihm: «Bitte, Śāriputra, vergiss deinen Körper und deinen Geist und praktiziere weiter Zazen. Sitze in den drei Welten der Vergangenheit, Gegenwart und Zukunft, aber sitze nicht im Nirvāna, und werde dir bewusst, dass es viele Haltungen gibt, um deine Würde auszudrücken. Bitte praktiziere weiter dein Zazen, gib die Methode des Weges nicht auf, und werde dir so deiner natürlichen und persönlichen Haltung bewusst. Bitte, Śāriputra, setze dein Zazen fort, aber schneide die Bonnō nicht ab, sodass du ins lebendige Nirvāna eintreten kannst.»

Diese Kritik an Śāriputra zeigt Yuimas Einstellung zu Kū. Seine Auffassung von Kū ist das vollständige, das reine Zazen. Wahres Zazen, wahres Nirvāna, wird nach Yuimas Ansicht verwirklicht durch unser alltägliches Bonnō-Leben. Wahres Zazen, wahre Meditation, existiert nicht ohne Beziehung, nicht ohne Wechselwirkung zwischen diesem Leben und den Bonnō. Śāriputra suchte wohl einen Zustand des absoluten Nirvāna, als Yuima ihn im Wald traf.[40] Śāriputra hatte einfach vergessen, dass der wahre Mahāyāna-Buddhismus hier und jetzt existiert – *Bonnō soku bodai*[41] – deshalb Yuimas Kritik an Śāriputra.

Das wahre, lebendige Nirvāna existiert weder in der Welt der Reinheit noch jenseits des Reichs des Schmutzes. Das wahre, lebendige Nirvāna wird reflektiert und mitgeteilt mitten aus unserem Alltag heraus, sogar aus dem schlimmsten Alltag, aus jenen Zeiten und Plätzen heraus, wo man die Stimme des Teufels und nicht die des Dharmas hören kann, wo niemand den Lehren Buddhas glaubt und wo es nichts als Zweifel an allen heiligen Lehren gibt. Das ist der wirkliche Weg des Mahāyāna-Buddhismus. Das ist der Weg der Mitte. An nichts haften.

Das *Yuima-kyō* geht folgendermaßen weiter: «Die wundervolle Lotosblume wächst weder in den frischen und reinen Feldern noch auf den Berggipfeln. Die wundervolle Lotosblume wächst an tief gelegenen Orten, wo der Schlamm ist.» Und weiter: «Ohne in den Ozean der Bonnō einzutauchen, würden wir niemals den Schatz der absoluten Weisheit erlangen »

Wahres, lebendiges Nirvāna findet man weder in besonderen Klöstern noch in den Bergeinsiedeleien der Asketen. Das lebendige Nirvāna sind unsere Bonnō selbst und unser Karma: Das ist seine Quelle. Jegliches Philosophieren über Satori, Buddha oder Gott, das von unserem täglichen Leben getrennt ist, ist eine Abstraktion, und auf diese Weise werden Buddha oder Gott nichts als abstrakte Puppen.

Und so sage ich Ihnen: Selbst wenn Sie nicht als Mönch kahl geschoren sind und ein schwarzes Gewand tragen, sondern lange Haare oder einen Bart tragen, bitte praktizieren Sie weiter Zazen. Haben

---

40 Dieser Zustand des absoluten Nirvāna ist identisch mit der transzendentalen oder heiligen Weisheit, und er ist jenseits des Reichs der Illusionen in den «drei Welten». Der Zustand des wahren Satori andererseits wird reflektiert und mitgeteilt mitten aus der gewöhnlichen Welt der Bonnō heraus.

41 «Bonnō wird zu Satori (Wahrheit)».

Sie rechte Ansichten und rechtes Verhalten. Auch wenn Sie mit Ihrer Familie leben: Haften Sie nicht an der alltäglichen Welt. Auch wenn Sie mit Ihrer Frau und mit Ihren Kindern zusammenleben: Finden Sie Freude an der Einsamkeit. Sogar wenn Sie viel gewöhnlichen Profit machen: Empfinden Sie keine Freude daran. Haben Sie Mitgefühl mit allen Menschen, spielen Sie mit ihnen und arbeiten Sie mit ihnen.

Als Kind sang ich immer ein Lied ... aber ich werde es morgen vortragen. Die Zeit ist fast um.

Konzentrieren Sie sich auf Ihre Ausatmung. Dann werden Sie beim Klang der lauten Trommel nicht zusammenzucken. Wenn Sie sich auf diese Weise konzentrieren, wird Ihr Kikaitanden stark.

14. August, 7.30 Uhr

Während der Zazenpraxis können wir sehen und fühlen, wie unser Körper die Welt des Todes betritt. Der Geist wird einsam, als wäre er zu einem fern entlegenen Ort gegangen. Wir machen diese Erfahrung im täglichen Leben nicht, weil wir uns zu viel bewegen. Beim Zazen, wenn die Muskeln in Spannung sind, vergessen wir den Körper. Dieser Zustand von Geist und Körper ist der Zustand des lebendigen Nirvānas. Wenn Sie in diesem Augenblick dem Tod gegenüberstehen, dann sehen sie, dass es nicht so schwierig ist, ihm zu begegnen. Denken Sie nicht, haben Sie keine Angst, haften Sie an nichts, vergessen Sie alles, und Sie werden geradewegs in die Welt des Todes eintreten. Bitte versuchen Sie es. Schließen Sie Ihre Augen. Wir beobachten unser Leben, die Vergangenheit und die Gegenwart, unser Karma, unsere Probleme mit der Familie, mit dem Geld, wir beobachten das, was uns erschreckt, unsere Ängste, aber sie sind nicht mehr so wichtig.

Kusen

Jetzt setze ich das Kusen von gestern Abend fort.

Gestern Abend sagte ich, dass das wahre Wesen von Kū aus den Bonnō erwacht. Das wahre Satori wird durch die Bonnō vermittelt und reflektiert. Satori muss aus den Bonnō heraus verwirklicht werden. Das Eis der Bonnō wird zum Wasser des Nirvānas. Aber das Problem ist: Wie sollen wir unsere Bonnō benutzen? Wie können wir unser Karma verändern? Wenn wir die Bonnō um der Bonnō willen benutzen, setzen wir unser schlechtes Karma fort. Wir schaffen dann das, was Seelenwanderung genannt wird.

Als Kind sang ich immer dieses Lied:

Lass dich nicht vom Regen unterkriegen,
lass dich nicht vom Wind und vom Schnee unterkriegen
und auch nicht von der Sommerhitze.
Hab einen gesunden Körper,
sei ohne Verlangen, ohne Zorn, und lache immer.
Iss nur Vollreis und Misosuppe und ein wenig Gemüse.
Sei frei von Ergreifen und Erhalten,
übe Konzentration,
hab ein gutes Gedächtnis, und sei nicht vergesslich.

Ich möchte in einem kleinen strohgedeckten Haus
im Schatten der Kiefern auf dem flachen Land leben.
Und wenn es im Osten ein krankes Kind gibt,
werde ich hingehen und ihm helfen.
Wenn im Westen eine müde Mutter arbeitet,
werde ich hingehen und ihr helfen,
indem ich ihr die Schultern massiere.
Wenn im Süden ein Mann im Sterben liegt,
werde ich zu ihm hingehen und ihm sagen,
er soll sich keine Sorgen machen
und keine Angst vor dem Tod haben;
und wenn er wirklich stirbt,
würde ich aus Mitgefühl für ihn und seine Familie weinen.
Wenn es im Norden einen Streit gibt,
werde ich hingehen und sagen, sie sollen aufhören,
weil Streiten zu nichts führt.

Wenn mich jemand kritisiert
und wie einen dummen Jungen behandelt,
werde ich nicht traurig sein.
Wenn andere mich loben und sagen, ich sei gut,

werde ich darüber nicht glücklich sein.
Ich hoffe, dass ich ein solcher Junge bin.

Das ist ein japanisches Kinderlied vom Land. Es ist vom Mahāyāna-Buddhismus beeinflusst. Es ist ein Bodhisattva-Lied für die Erziehung der Kinder.

Im Mahāyāna-Buddhismus schneidet man die Bonnō nicht ab. Man muss die Bonnō vielmehr zu einer höheren Dimension verfeinern. Wir müssen in die Bonnō hineinspringen und sie zum Vorteil anderer benutzen. Aber das kann gefährlich sein, wenn man den eigenen Standpunkt missversteht. «Ich helfe mit meinen Bonnō allen Frauen, indem ich sie liebe ...» Oder: «Ich helfe allen Männern, indem ich mit ihnen schlafe ...» Das hat nichts mit dem Bodhisattva-Weg zu tun. Was diese Leute sagen, ist nicht wahr.

Hier ein kurzer Vers des großen Nenbutsu-Meisters Shinran:

Sünde und Karma
werden zum Körper
der Wohltätigkeit und Tugend.

Das hat Ähnlichkeit mit der Vorstellung von Eis, das zu Wasser wird. Je mehr Bonnō, desto größer das Satori, und desto tiefer kann man lebendiges Nirvāna erlangen. Hier in Val d'Isère schrieb auch ich ein Gedicht:

Während des Sesshin in den Bergen von Val d'Isère
die Stimme des Tales, die Farbe der Berge –
all das ist der Geist Gottes.
So beobachte ich meinen Geist durch die Natur.

Nicht bewegen! Sie dürfen sich nicht bewegen, bevor die Kaijō-Trommel ertönt oder die Glocke geschlagen wird. Erst wenn Sie Ihr Kesa auf den Kopf legen, dürfen Sie sich bewegen.

Das Kaijō zeigt die Uhrzeit an. In den japanischen Tempeln gibt es dafür eine große Glocke, aber da es hier keine Hängeglocke gibt, wird nach dem Kaijō das Holz angeschlagen.

14. August, 21.00 Uhr

Dieses Sesshin von zehn Tagen kostet Sie 780 Francs.[42] Das ist nicht so teuer, wie manche denken. Die Häuser hier in Val d'Isère kosten viel Miete, und außerdem gebe ich Ihnen eine starke Erziehung, eine historische Unterweisung. Deshalb müssen auch Sie ein Fuse[43] geben. Trotzdem kritisieren einige hier den Preis. Das zweite Sesshin war am schlimmsten. Jemand hat Geld aus der Kasse in der Bar gestohlen. Ich möchte den finanziellen Gewinn für meine zukünftige Arbeit benutzen. Geld ist heutzutage notwendig. Aber niemand unterstützt mich. Keine Regierung gibt mir Geld. Und ich bekomme auch keines aus Japan. Ich habe keinen Mäzen, keinen, der mich unterstützt. Andere Religionen haben viele.

Heute ordnete ich für vier Personen Rensaku[44] an. Wenn Sie während des Sesshin grobe Fehler machen, muss ich Ihnen Rensaku geben. Jeder der vier erhält von beiden Kyōsaku-Assistenten jeweils zehn Schläge auf jede Schulter. Rensaku ist nicht einfach zu geben, ich brauche also zwei verlässliche und starke Männer, die die Strafe vollziehen. Männer, keine Frauen. Michel! Stéphane! Ihr gebt Rensaku. Und das kräftig.

Wer Rensaku bekommt, braucht vorher nicht Gasshō zu machen.

Hier ist nicht der Club Méditerrané. In China und in Japan sind die Sesshin sehr hart. Ich aber bin sehr sanft. Meine Erziehung ist sehr sanft. Natürlich ist dies alles für die Anfänger auch so noch sehr schwierig. Aber mit den älteren Schülern muss ich streng sein. Ich muss meine Schüler stark erziehen.

Manchmal esse ich während der Vorbereitungszeit vor dem eigentlichen Sesshin nicht mit Ihnen, und manchmal komme ich nicht zum Nachmittags-Zazen, weil ich sehen will, wie meine älteren Schüler die anderen erziehen und vorbereiten. Aber heute kam ich unerwartet zum Mittagessen und entdeckte, dass vier meiner wichtigsten Schüler ohne Erlaubnis verschwunden waren. Man darf das

---

42 Damals etwa 240 DM.
43 Eine «Gabe».
44 Mehrfache Kyōsaku-Schläge in Folge.

Haus verlassen, aber nur mit Erlaubnis. Meine engsten Schüler müssen jedoch bleiben und mich vertreten, wenn ich nicht da bin.

Rensaku ist diesmal die Strafe für A., E., R., und M.-J.

E. ist einer meiner ältesten Schüler, und er ist am längsten mit mir zusammen. Wenn er Fehler begeht, werden alle Fehler machen. Wenn ich jetzt sterbe, musst du, E., die Nachfolge übernehmen.

Michel! Stéphane! Gebt kräftig Rensaku. Seid nicht diplomatisch.

[Beide beginnen, Rensaku zu geben.] Fester! Fester!

15. August, 7.30 Uhr

Die Anfänger, die zu diesem Sesshin gekommen sind, sollten die vervielfältigten Kusen-Niederschriften lesen, damit sie besser verstehen. Beides ist wichtig: meine Kusen zu hören und sie dann später zu lesen. Wenn Sie sie mit ihrem Körper hören (d. h., während der Zazenpraxis), wird in den Neuronen des Stammhirns ein mächtiger Same gelegt, und Sie entwickeln ein starkes Karma. Wenn Sie diese Kusen dann lesen, verstehen Sie sie auch intellektuell.

Kusen

Kusen über das System des Karmas. Śakti ist die fundamentale Antriebskraft des Kosmos. Der Begriff Śakti, den man bis in die uralte indische Denkweise zurückverfolgen kann, wurde von Buddha umgewandelt und in seiner Bedeutung erweitert, sodass es die Quelle aller persönlichen Handlungen einschließt. Handlung ist im Buddhismus deshalb die Beziehung zwischen der Ursache und der Wirkung von Karma. Es gibt gute und schlechte Wirkungen von Karma, oder genauer gesagt, erwünschte und unerwünschte.

Śakti ist im Buddhismus «Caritra», und «Caritra» bedeutet «Wirkung». (Caritra hat auch zwei andere Bedeutungen, die ich später kurz erläutern werde.) Was ist Wirkung? Wirkung kann die Handlung bedeuten, die die Auswirkung erzeugt – im Sanskrit *Jñāna*[45]. Wirkung kann hier auch die Handlung bedeuten, die die

45 Weisheit, höhere Intelligenz, manchmal auch weltliches Wissen.

Auswirkung beeinflusst, jedoch nicht erschafft – im Sanskrit Akusala.

Die Handlung, die die Wirkung erzeugt (*in*), ist eine direkte Ursache, und daher wird sie übertragend genannt. Die Handlung, die die Wirkung beeinflusst, wird durch *en*, also wechselseitige Abhängigkeit, verwirklicht, und daher wird sie ansteckend genannt.

Die meisten Menschen glauben, dass Karma durch eine übertragende Ursache entsteht. Sie irren sich. Die Ursache von Karma ist ansteckend, nicht übertragend.

Wie ich während des ersten Sesshin sagte, ist die Wirkung das Ergebnis der Handlung, und genau das setzt viele verschiedene Bedingungen voraus. Trotzdem behauptet die Wissenschaft von der Kausalität, dass eine einzelne Ursache eine einzelne Wirkung erzeuge und ebenso, dass die Ursache von Karma eine übertragende sei. So können Sie sehen, dass die Wissenschaft von der Kausalität nicht wirklich rational ist. Sie ist abstrakt. Die Lehre vom Karma ist sehr wissenschaftlich – mehr als die Wissenschaft selbst. Wenn die Menschen die Lehre vom Karma wirklich verstünden, würde sich die Wissenschaft mit großen und schnellen Schritten weiterentwickeln.

Ein Mönch bat mich, heute Morgen ein Sūtra zu rezitieren, also werde ich jetzt das *Sandōkai* vortragen ...

15. August, 21.00 Uhr

Kusen
Ich werde jetzt mein Kusen über das kosmische System des Karmas fortsetzen.

Heute Morgen erklärte ich, dass «Śakti», das die traditionelle indische Lehre vom Kosmos beinhaltet, im Buddhismus die fundamentale Kraft, Caritra, oder Karma bedeutet. Wie ich bereits erklärte, bedeutet Caritra die Wirkung oder die Auswirkung der Handlung, aber es bedeutet auch Zeremonie.

Zeremonie. Was bedeutet Zeremonie? In Russland bekam sie – nach Pawlow – die Bedeutung eines bedingten Reflexes. In Frankreich haben wir – nach Merleau-Ponty – die so genannte «Verhaltensstruktur». In Amerika bekam Zeremonie – nach Watson und seiner Lehre vom modernen Behaviorismus – die Bedeutung von

Verhalten oder Benehmen. Merleau-Ponty übt jetzt Kritik an Pawlows bedingtem Reflex, und Konrad Lorenz kritisiert Watsons Behaviorismus.

Der moderne Behaviorismus gründet sich einfach auf objektive Beobachtung, das heißt, auf psychologisches und objektives Bewusstsein. Obwohl beide notwendig sind, ist es trotzdem schwierig, daraus eine Wissenschaft zu machen, weil diese immer einseitig bleibt. Es gibt keine wahre subjektive Reflexion im Behaviorismus.

Im Buddhismus gibt es Shikantaza, welches Beobachtung und Konzentration während des Schauens nach innen ist und das zum Hishiryō-Bewusstsein wird. Da aber das Hishiryō-Bewusstsein jedes Einzelnen verschieden ist, ist es sehr schwierig, diesen Zustand mit der wissenschaftlichen Analyse zu erfassen. Aber auch im Buddhismus gibt es den so genannten Behaviorismus. Die Haltung des Körpers ist objektiv. Wir berühren die Erde mit dem Kopf – nein, das ist Yoga – hier drücken wir den Kopf mit dem Kopf – nein, ich mache einen Fehler – wir drücken den Himmel mit dem Kopf und die Erde mit den Knien. Das ist Behaviorismus.

Was die Zeremonie betrifft, so wiederholen wir sie jeden Tag. Jeden Tag rezitieren wir nach dem Zazen das *Hannya Shingyō*. Wir wiederholen Sanpai und so weiter. Die Zeremonie ist objektiv. Das ist «Verhalten»; es hat auch etwas mit dem Benehmen zu tun.

Unser Verhalten beeinflusst unser Bewusstsein. Und selbstverständlich beeinflusst unser Bewusstsein unser Verhalten. Das Verhalten kann deshalb unser Bewusstsein verändern, schlechtes Verhalten und Benehmen beeinflussen unser Gehirn, das Handeln unseres Körpers, unsere Worte, unsere Gespräche und damit unser Karma.

Da jedoch unser Bewusstsein wiederum unser Verhalten beeinflusst, setzen wir im Zen unsere meditativen Praktiken mit innerer Beobachtung und Konzentration ständig fort. Und dies ist nicht Behaviorismus. So gibt es im Zen beides, das Subjektive im Zazen und das Objektive in der Zeremonie. Meister Dōgen beschrieb sehr ausführlich, wie man auf die Toilette gehen und wie man essen soll – das ist Dōkan[46]. Das ist Zeremonie, die zweite Bedeutung des Wortes Caritra.

46 Der «Ring des Weges», die ständige Wiederholung der Handlungen

Caritra hat drei verschiedene Bedeutungen. Es kann die Wirkung oder die Auswirkung einer Handlung bedeuten, wie ich heute Morgen erklärte. Es kann Zeremonie bedeuten. Und schließlich kann es die Wirkung von Karma bedeuten. Genauer gesagt kann Caritra die Wirkung von erwünschtem oder unerwünschtem Karma bedeuten.

Wenn wir erwünscht oder unerwünscht sagen, meinen wir nicht gut oder schlecht. Dies hat nichts mit moralischem Urteil zu tun. Das moralische Urteil ist ein objektives Urteil, wogegen wir hier von einem subjektiven Urteil sprechen. Wenn wir etwas Gutes tun, ist unser zukünftiges Karma gut – nicht im moralischen Sinn, wie gesagt, sondern im Sinn eines erwünschten Karmas. Die Wirkung, die erscheint, ist eine, die wir mögen, die wir lieben, deshalb ist es kein moralisches, sondern vielmehr ein persönliches, psychologisches Problem.

Das Karma wird nicht beeinflusst durch wechselnde Gesellschaftsordnungen, durch Landesbräuche, Gesetze oder dadurch, dass die Zeiten sich ändern. Die moralischen Urteile dagegen sind von diesen Faktoren abhängig. Grundsätzliche moralische Werte jedoch bleiben immer die gleichen. Nicht töten, nicht stehlen, und so weiter. Das Problem des Karmas ist, dass es von möglichen Erscheinungen beeinflusst und so nicht von einem moralischen Urteil bestimmt wird. Das ist zum Beispiel der Fall, wo wir Gutes tun wollen, aber nicht können; oder ebenso, wenn wir Schlechtes tun wollen, aber nicht können. Karma hat nichts mit gut oder schlecht zu tun. Es gibt kein gutes oder schlechtes Karma, keine gute oder schlechte Wirkung. Karma ist subjektiv.

Ich wiederhole also: Das System des Karmas ist von dreierlei Art – Handlung, Zeremonie oder Verhalten, und erwünschte oder unerwünschte Wirkungen.

des täglichen Lebens: Aufstehen, Zazen, Mahlzeiten, Arbeit, Toilette, Schlafengehen usw., welche die Richtung unseres Lebens bestimmen.

16. August, 7.30 Uhr

Kusen

Zazen selbst ist nicht Behaviorismus. Und doch ist es möglich, Zazen objektiv zu bestätigen. Physiologisch betrachtet können wir über die Zazenhaltung sprechen, über die Muskelspannung, über den elektrischen Strom der Alpha-Wellen, die beim Zazen auftreten, über das Zwerchfell, das während der Ausatmung nach unten sinkt und die inneren Organe massiert, über den Blutkreislauf, der angeregt wird. Wir können über den Einfluss der Zazenhaltung auf das Gehirn sprechen, über die Art und Weise, in der das Stammhirn aktiv wird, wenn das Vorderhirn sich in Ruhe befindet, und über den Hypothalamus, der gestärkt wird. All dies wird durch die Wissenschaft bestätigt. Aber die Bestätigung durch die Wissenschaft und die Psychologie beweist nicht viel. Mögen wir auch durch die Wissenschaft objektiv bestätigt werden, Zazen ist keine Wissenschaft, und darum brauchen wir eine subjektive Bestätigung. Trotzdem ist es nicht möglich, jeden Einzelnen von uns subjektiv zu bestätigen. Jemand sagt: «Ich habe Satori!» Wenn er das sagt, ist es nicht wahr. Es ist kein wahres Satori. Wenn ein Verrückter sagt: «Ich bin normal!», so ist das auch nicht wahr, und keiner glaubt ihm. Und weil ihm keiner glaubt, wird ein Arzt gerufen, um seine Aussage zu überprüfen.

Wie auch immer, Zazen gehört dem Bereich des Religiösen an und ist nicht durch die Dimensionen der Psychologie, der Physiologie oder der Wissenschaft begrenzt. Es ist also letztendlich der Meister, der bestätigt. Und der Meister bestätigt jeden Tag: «Sie praktizieren Zazen, daher erlangen Sie automatisch, unbewusst und natürlich Satori», sagt er. Der Meister beobachtet Sie von hinten, und schließlich gibt er Ihnen das Shihō.

Das Wort «Welt» kann die Welt der Natur, die Menschenwelt, die persönliche oder die spirituelle Welt bedeuten. Es gibt viele Welten. Aber im Buddhismus ist die Welt (*seken*) nur die persönliche Welt. Die Schriftzeichen *sekai* bedeuten auch «Welt». Und auch wenn das Wort *seken* laut Wörterbuch auch als «Welt» definiert ist, bedeutet *seken* nur die menschliche Welt – *loka* im Sanskrit. So haben *sekai* und *seken* verschiedene Bedeutungen. Karma hat nichts mit *sekai* zu tun, sondern nur mit *seken*. *Seken* bedeutet Zerstörung, Vergänglichkeit. *Seken* hat nichts mit den Naturwissenschaften zu tun.

Die traditionelle indische Religion, die sich zu sehr dem Kosmos zuwandte, vergaß die Menschlichkeit. Die Hindus, die in großen Wüsten und im Himālaya leben, tendierten schon immer zu Einbildungen. Aber zu Buddhas Zeit wurde die wahre Menschlichkeit entdeckt – durch den Buddha selbst. Und so entdeckte die traditionelle indische Religion, in eine humanistische Religion umgewandelt, die wahre Menschlichkeit der Buddhalehre. (Aber der Humanismus, der während der Renaissance in Europa entwickelt wurde, wandte sich gegen Gott.)

Nichtsdestoweniger kann Karma mit seinen Ursachen und Wirkungen durch die Naturwissenschaften nicht begrenzt werden. Es wird begrenzt durch die Welt Seken. Karma ist ein geistiges und subjektives Problem, und daher hat es mit der persönlichen Welt (*seken*) zu tun. Karma ist ständig in Bewegung. Es ist immer unbeständig. Es steigt und fällt, es nimmt zu, es nimmt ab, es ist Unbeständigkeit und Wandel – wie die Welt Seken selbst.

Ab heute Nachmittag ist für anderthalb Tage *Hōsan*. *Hō* bedeutet «frei», und *san* ist «die Unterweisung des Meisters empfangen»; *Hōsan* heißt also «frei sein von der Zazenpraxis». In Japan wird dann am Eingang des Dōjō ein Schild mit der Aufschrift «Hōsan» aufgehängt. Es bedeutet Feiertag. Trotzdem müssen natürlich die Verantwortlichen hier Samu ableisten, also arbeiten, auch wenn Hōsan ist.

18. August, 6.30 Uhr

[Beginn des dritten Sesshin.]

Die Zazen- und die Kinhinhaltung sind einfach der Normalzustand des Menschen. Wenn Sie selbst nicht normal sind, werden diese beiden Haltungen sehr schwierig für Sie sein, besonders während des Morgen-Zazen.

[Jemand ist in Ohnmacht gefallen, und der Kyōsaku-Assistent hilft ihm gerade aus dem Dōjō.]

Einige von Ihnen fallen sogar um. Aber das macht nichts. Praktizieren Sie weiter Zazen und Kinhin, und Sie werden zum normalen Zustand zurückkehren.

Während der Zazenpraxis ist die Haltung der Augen sehr schwierig. Lassen Sie die Augen einen Meter vor sich auf dem Boden ruhen. Bewegen Sie sie nicht. Fixieren Sie sie auf nichts. Nicht zu sehr geöffnet, nicht zu sehr geschlossen. Die Augen einiger Leute hier sind weit offen und leer – wie die Augen eines Hundes nach dem Sex. Leere Augen sind nicht gut.

[Der Meister rezitiert ein Gedicht auf Japanisch.] Dieses Gedicht wurde von So Tōba geschrieben, der im alten China berühmt war. Er war ein großer Bodhisattva. Er erlangte Satori beim Anblick der Farbe der Berge und durch das Rauschen des Flusses im Tal. Und so ist dieses Gedicht über die Stimme des Tales entstanden. Eine lange, große Zunge hält einen Vortrag, Buddha selbst ist es, der zu uns spricht. Der reine Körper Buddhas ist die Farbe der Berge ... Beobachten Sie die Farbe der französischen Alpen – genau das ist es. Die Farbe der Berge ist nicht wie die der Häuser. Und so wurde So Tōba erweckt durch die Farbe der Berge und den Klang des Flusses. Die Stimme des Flusses hier in Val d'Isère, die wir jetzt beim Zazen hören, ist nicht dasselbe wie das Geräusch einer Maschine. Die Stimme des Tales ist die Stimme der Natur. Dieser Fluss schuf seit Mitternacht 84.000 Gedichte. Wie kann ich Ihnen diesen großen Vortrag vermitteln? Durch Worte und Schriftzeichen? Durch ein Gedicht? Es ist sehr schwierig. Es ist sehr schwierig, die echte Wahrheit durch Sprache auszudrücken. Sprache schafft Kategorien.

Die subjektive Beobachtung beim Zazen ist für jeden verschieden. Im Moment befinden sich in diesem Dōjō mehr als zweihundert Menschen, und das Denken jedes Einzelnen ist anders. Was denken Sie jetzt? Hishiryō-Denken – jetzt. Ein Foto von Ihnen in diesem Augenblick würde wohl die Haltung des Körpers einfangen, nicht aber die Haltung Ihres Geistes.

In einem der Gedichte Meister Dōgens heißt es: «Die Farbe der Berge, das Echo des Tales, alles ist die Haltung und der Geist des Buddha Śākyamuni.» Und so ist es auch mit der Haltung und dem

Geist Gottes. Es ist dies die Haltung und der Geist des Zazen. Es ist Zazengeist. [Langes Schweigen.]

Während des Morgen-Zazen werden viele von Ihnen schläfrig. Zu dieser Zeit gibt es immer noch Spuren von Träumen. Viele schlafen auch während des Nachmittag-Zazen. Und genauso während des Abend-Zazen. Alles, was sie während des Abend-Zazen tun wollen, ist, zu Bett zu gehen. Es gibt andere, die fangen an zu schlafen, wann immer sie die Zazenhaltung einnehmen. Dann gibt es welche, die einfach immer schlafen, von morgens bis abends. Aber Konchin (Schläfrigkeit) ist beim Zazen dennoch besser als sein Gegensatz, Sanran. Diejenigen, die zu nervös sind, wie in Sanran, brechen manchmal beim Zazen zusammen. Nichtsdestoweniger sind sowohl Schläfrigkeit als auch Nervosität keine normalen Zustände. Wenn Sie sich in Konchin oder in Sanran befinden, müssen Sie um Kyōsaku bitten. Wenn Sie Kyōsaku bekommen, wird Ihr Geist sich vollständig verändern. Kyōsaku bedeutet «der Stock, der das Satori fördert». Es ist der Stock, der Sie aufweckt – der Erweckstock. Hier sind jetzt drei Kyōsaku-Assistenten. Jetzt stehen sie alle an derselben Stelle! Ihr müsst euch verteilen! Rechts im Dōjō steht überhaupt keiner! ...

Kaijō!

18. August, 10.00 Uhr

Kusen

In unserem Gesellschaftssystem gibt es Moralgesetze und Sozialgesetze. Mancher ehrliche Arbeiter wird mittellos, und ein Unehrlicher wird reich und ein wichtiger Minister. Derjenige, der den rechten Weg geht, erntet Undank. Der Schlechte bekommt Gutes, der Gute bekommt Schlechtes. Warum ist das so? Die sozialen Gesetze sind begrenzt und können diese Probleme nicht lösen. Auch die Philosophie kann sie nicht lösen. Sie können aber durch die Religion gelöst werden, weil diese Probleme Karmaprobleme sind. Karma ist eine analytische Tatsache. Es kann nicht zum Vorteil von gesellschaftlichen Opportunisten benutzt werden.

Sokrates sprach über die rechte Lebensweise, und er sagte, dass man ein rechtes Leben führen soll. Aber was heißt rechtes Leben, korrektes Leben, gerechtes Leben? In Griechenland? Im Orient? Was in Griechenland als recht gilt, ist nicht das Gleiche wie das, was im Orient als recht betrachtet wird. Die Maßstäbe dafür, was gut und was schlecht ist, sind letzten Endes nicht so sehr klar, weil sie vom Ort, den Sitten und von der Zeit abhängen. So können wir sehen, dass diese sozialen Gesetze nicht sehr exakt sind.

Wie wir unser Leben führen, hat mit dem Verständnis von Karma zu tun. Unser Leben ist einfach eine stete Fortsetzung von Karma. Obwohl Karma jenseits der Kausalität ist, können wir es analysieren und beobachten und die wahren Bedingungen unseres Lebens verstehen. Karma ist unendlich, aber es ist keine abstrakte Philosophie. Im Buddhismus ist das wahre Gute das zufriedene Gefühl im Geist, wenn wir zum Beispiel ein Fuse, eine Gabe, für Buddha, für die Mönche oder für andere geben. Und umgekehrt. «Gut» heißt im Sanskrit *kusala*, «schlecht» *akusala*. Sich unzufrieden fühlen, unglücklich, unfreudig im Geist im Innern, das ist *akusala*. Wenn jemand mit der Frau eines anderen schläft oder eine Frau mit dem Ehemann einer anderen Frau, so empfinden beide Befriedigung und vielleicht Freude. Aber diese Befriedigung ist keine Wirkung von Karma. In der Zukunft jedoch werden diese Menschen eine Auswirkung von Karma erleben, und es wird eine schlechte Auswirkung sein. Es wird leidvolles Karma sein. Man muss die eigenen Handlungen immer im Licht der Zukunft betrachten. Was ist angenehmer, die Freuden der Gegenwart oder der Schmerz der Zukunft? Heute sind wir glücklich, und morgen leiden wir. Daher dürfen wir uns nicht zu sehr über unsere kleinen Freuden freuen; wir müssen sehen, dass sie uns in der Zukunft viel Schmerz und Leid bringen. Zazen ist schmerzhaft, es ist hier-und-jetzt-schmerzhaft. Die Ortsansässigen in Val d'Isère sehen uns Zazen praktizieren, und sie sehen es als schmerzhaft und dumm an. Sie haben keine Erfahrung mit Zazen, und deshalb sind sie skeptisch. «Warum sitzen sie so da, ohne sich zu bewegen? Das ist doch schmerzhaft. Und zudem ist es Zeitverschwendung.»

Aber das Karma, das durch die Zazenpraxis entsteht, wird in der Zukunft gute Auswirkungen bringen. Die höchsten. Dōgen schrieb im *Shōbōgenzō*, dass man durch die Zazenpraxis die höchsten Auswirkungen, das beste Karma erschafft. Das ist wahr – von Zazen empfangen wir in der Zukunft unendliche Verdienste. Trotzdem dürfen wir nicht um dieser Auswirkungen willen Zazen praktizieren. Wir müssen Mushotoku sein – ohne Ziel. Warum sage ich das? Weil Sie nur dann wahrhaft die höchsten Auswirkungen erreichen werden und Ihr zukünftiges Karma unendlich sein wird.

[Jemand wird vom Kyōsaku-Assistenten aus dem Dōjō geführt.]

Diejenigen, deren Muskeln und Sehnen verhärtet sind, haben kranke Muskeln und Sehnen. Daher fühlen sie beim Sitzen in Zazen diese Krankheit. Sie fühlen den Schmerz. Aber wenn sie dieses Sesshin fortsetzen, noch mal zehn Tage lang drei Mal täglich in der korrekten Haltung sitzen, werden ihre Muskeln und Sehnen in den normalen Zustand zurückkehren. Zazen ist die stärkste Selbstmassage. [Langes Schweigen.]

Noch drei Minuten. Wenn Sie auf das Glockenzeichen warten, erscheint Ihnen die Zeit lang. Wenn Sie sich jedoch auf die Atmung konzentrieren, vergeht die Zeit schnell.

18. August, 16.00 Uhr

Kusen

Heute ein Kusen über den Einfluss und die Kraft des Karmas.

Wie ich bereits erläutert habe, ist Karma ansteckend, nicht übertragend. Karma selbst kann keine Wirkungen erzeugen. Karma-Ursache ist die Ursache, die eine andere Ursache begünstigt.

Jemand verschreibt sich der Wohltätigkeit, und trotzdem ist er arm und leidet. Oder ein Unehrlicher wird reich. Das ist so, weil die Kraft des vergangenen Karmas die Gegenwart beeinflusst. Ebenso ist jemand, der in der Vergangenheit keine Wohltätigkeit übte, auch heute geizig. Die Handlungen der Gegenwart sind die Verwirklichung des vergangenen Karmas. Das Karma der Vergangenheit ist die Handlung der Gegenwart.

Jedoch beeinflussen, karmisch gesprochen, die Vorfahren der Vergangenheit ihre Nachkommen nicht. Der Fluch der Ahnen wird nicht zum Karma. Die Vergangenheit der Vorfahren kehrt nicht zurück, um ihre Kinder heute zu plagen; denn man erntet nur die Auswirkungen des eigenen Karmas und nicht des Karmas der anderen. Die Karma-Kraft hat keinen Einfluss auf andere. Die Kraft des Karmas ist die Kraft, die die Ursache begünstigt, und so existiert keine Wechselwirkung zwischen dem eigenen Karma und dem der anderen. Alles Karma ist subjektiv und psychologisch, wie könnte es subjektiv für einen anderen werden?

Die Kraft des Karmas ist aber keine geringe. Karma kann nicht schöpferisch sein, es hat jedoch die Kraft, wachsen zu lassen. Karma ist also keine schöpferische Kraft, sondern Wachstums-Kraft.

Schaffen heißt schöpfen. Schaffen ist die Kraft der Schöpfung selbst. Wie aber ein Same auch nicht von ganz allein keimen kann, ist die Kraft, die aus der Hilfe, aus der Teilnahme, entspringt, notwendig. Damit ein Same aufgehen kann, werden Erde, Wasser, Sonne und die richtige Temperatur benötigt. Und dies ist Karma-Kraft, die Kraft, welche die Ursache begünstigt. Um ein Auto herzustellen, braucht man Eisen, Plastik, Kupfer und einen Motor; wenn aber die Menschen diese Materialien nicht produzieren, können sie auch kein Auto bauen. Das Material allein kann das Auto nicht bauen; die Menschen müssen es tun. Geistiges Handeln ist notwendig. Die Kraft der Natur ist notwendig.

Also ist dies keine übertragende Kraft, es ist eine ansteckende. Das ist sehr wichtig. Das Keimen eines Samens, die Arbeit desjenigen, der ein Auto baut, sind ansteckende Kräfte, nicht übertragende. Im Deutschen bedeutet das Wort «Einbildungskraft» das, was verbindet und verknüpft, unter Einbeziehung der vielen Elemente, Bedingungen und Varianten der Vergangenheit, der Gegenwart und der Zukunft.

Die Kraft des Karmas liegt nicht im Bereich des Materiellen. Karma bewegt sich; es ist lebendig. Seine Substanz ist innerlich, und es gehört zur Aktivität des Bewusstseins. Und so wird es zum «élan vital», zur Lebenskraft, zur Ursache, die eine andere begünstigt.

Die Beziehung zwischen Karma und dem Einzelnen stellt sich nun folgendermaßen dar:

Heutzutage sind Verbrecher mehr und mehr «normal». Gibt es mehr verbrecherische Geister, gibt es auch mehr Gesetze, und alles wird immer komplizierter. Das ist das Karma der Zivilisation. Unser

Handeln manifestiert sich objektiv, und es besteht in der Zeit. Es hat im gegebenen Moment Möglichkeiten, aber wenn man die Handlung ausgeführt hat, bleibt nichts. Moralisch gesehen oder mit den Worten der Gesetze ausgedrückt gibt es das Problem nicht mehr, wenn die Handlung einmal beendet ist, sie ist also etwas Oberflächliches. Wenn man tötet oder stiehlt (die zweihundert Francs aus der Bar-Kasse zum Beispiel), ist es nur die Handlung selbst, die zum Ausgangspunkt wird; denn wenn der Täter wegläuft, wenn man den Dieb nicht findet, ist die Handlung beendet. Der Mensch vergisst. Die Polizei auch. Aber vom Gesichtspunkt der Religion aus betrachtet endet die begangene Handlung nicht. Sobald die Handlung einmal begangen wurde, ist der Same da, und er bleibt. Gemäß der Karma-Lehre lebt der Same zwar nicht ewig, sondern bleibt nur eine Lebensspanne lang. Im lebenden Menschen existiert er jedoch – in den Wurzeln der Handlung. Deshalb stiehlt ein Dieb, der aus dem Gefängnis entlassen wurde, wieder. Das Verbrechen wiederholt sich. Es ist zur Gewohnheit geworden. Genauso ist es mit dem Mörder oder dem Sexbesessenen. Ein, zwei, drei oder vier verschiedene Männer – und schon wird die Frau zum Vamp. Und der Mann wird zum Don Juan. Weil nämlich der Same bleibt. Man kann das nicht einfach durch Willenskraft beenden oder aus Angst vor der Polizei, oder durch das Gefängnis, weil das Karma, um das es hier geht, nicht manifest ist. In der Sprache der Psychologie wird dies das Unbewusste genannt.

Mushōgō bedeutet im Japanischen das nichtmanifeste Karma, das innere, unsichtbare Karma. Es ist wie Schwingungen, wie die Notenschrift.

Der Same bleibt also ... Natürlich ist es manchmal möglich, diesen Samen durch Willenskraft abzutöten, wenn nämlich das nichtmanifeste Karma schwächer ist als der Wille. Aber immer kann solch ein Same nicht auf diese Weise unschädlich gemacht werden. Und er kann mit Sicherheit weder durch Gesetze noch durch den bestehenden Moralkodex unschädlich gemacht werden.

Wie können wir also das nichtmanifeste Karma anhalten? Mit welcher Methode? Die Buddhalehre hat eine sehr tiefe Lösung für dieses Problem, und deshalb ist die Lehre vom Karma im Buddhismus sehr wichtig. Durch Willensanstrengung ist es andererseits sehr schwierig, diesen schlechten Samen, diese schlechte Angewohnheit der Persönlichkeit, ausfindig zu machen. Nichtmanifestes Karma verwirklicht sich nicht an der Oberfläche, es liegt tief in uns selbst. (Natürlich sind die Menschen verschieden; einige haben ein tief verwurzeltes Karma und andere nicht.)

Wenn man eine Kerze ausbläst, ist keine Flamme mehr da. Die brennende Flamme ist der sichtbaren Handlung ähnlich – der des Körpers und des Geistes, und so sind in diesem Moment Handlungen wie Sex, Stehlen oder Töten beendet. Aber die Kerze bleibt, genauso wie der Körper, genauso wie das Verbrechen. Das nichtmanifeste Karma gibt es immer noch. Genauso wie bei einem Sturm. Der Sturm hört auf und so auch die Wellen auf dem Meer und am Strand. Aber das Meer bleibt.

Das manifeste Karma manifestiert sich, es wird erfahren, und dann endet es. Aber die unsichtbare Kraft bleibt, und diese unsichtbare Kraft ist Mushōgō oder nichtmanifestes Karma. Und dieses Karma wird in der nächsten Handlung fortgesetzt, denn dieses Karma kontrolliert und steuert die kommende Handlung. Weil diese Samen sich im Bewusstsein befinden, kann das nichtmanifeste Karma dieselbe Handlung wieder und wieder hervorbringen.

Der Körper und auch der Geist will diese Handlung beenden, und er versucht es mithilfe des Willens. Aber er schafft es nicht, weil der Same tief im Stammhirn eingebettet liegt. Der Same ist außerhalb der Reichweite des Vorderhirns und kann deshalb nicht von ihm kontrolliert werden.

Nichtmanifestes Karma ist jedoch keine vereinzelte Erscheinung. Die Handlung des nichtmanifesten Karmas ist die Handlung des Körpers und des Mundes. Es ist eine Schöpfung des Körpers und des Mundes. Genauso wie der Schatten des Baumes vom Baum abhängt, hängt das nichtmanifeste Karma vom manifesten ab. Wenn der Baum sich nicht bewegt, bewegt sich auch der Schatten nicht. In einem Mondō, das in der Geschichte des Zen berühmt wurde, diskutierte der sechste Vorfahre, Enō, die Bewegung einer Fahne mit einigen Mönchen und einer Nonne.

Die Mönche: «Die Fahne bewegt sich.»

«Nein, die Fahne bewegt sich nicht. Es ist der Wind, der sich bewegt.»

«Nein, es ist der Geist, das Bewusstsein, das sich bewegt.»

«Nein», unterbrach die große Nonne, «alles bewegt sich – die Fahne, der Wind und der Geist.»

Das ist ein sehr wichtiger Punkt. Er zeigt die Beziehung zwischen dem manifesten und dem nichtmanifesten Karma, zwischen der Einheit Körper/Geist und dem nichtmanifesten Karma, zwischen dem Baum und dem Schatten. Was kommt zuerst, der Körper oder der Geist im Innern? Hier ist die Beziehung eine wechselseitige Abhängigkeit.

In Meister Dōgens *Shōbōgenzō* ist beschrieben, wie eines Tages ein Mönch zu Meister Hōtetsu, der sich gerade Luft zufächelte, kam und sprach: «Wenn es doch überall Luft gibt, warum benutzt Ihr dann einen Fächer?» Das ist ein verrücktes Mondō, aber interessant. Der Mönch wollte einfach mit dem Meister diskutieren. Es ist das Gleiche beim Mondō hier. Die Leute wollen nur Diskussion mit dem Meister, und so erfinden sie alle Arten von komplizierten Fragen.

Wie auch immer, Hōtetsu antwortete: «Du weißt nur, dass es überall Wind gibt. Was du aber nicht weißt, ist, dass wir ihn ohne Praxis nicht erschaffen können. Ohne den Fächer zu benutzen, können wir den Wind nicht erschaffen.»

[Langes Schweigen.]

Praktizieren Sie Zazen, praktizieren Sie die Haltung, die richtige Atmung, das Schweigen des Mundes – denn all dies beeinflusst den Körper. Wenn Sie denken, dass Zazen schmerzhaft ist, wird es schmerzhaft sein. Wenn Ihr Körper Schmerzen hat, wird auch Ihr Bewusstsein Schmerzen haben.

Wenn Sie Zazen mit vielen anderen in einem Dōjō praktizieren, wird Ihr nichtmanifestes Karma gut werden. Ein gutes, unendliches, nichtmanifestes Karma. Wenn Sie Zazen mit vielen anderen zusammen in einem Dōjō praktizieren, wird es zu einer Gewohnheit werden, und selbst wenn Sie schlechtes Karma haben, wird das nichtmanifeste Karma Ihrer Zazenpraxis Sie stärken, und Sie werden fähig sein, Ihr schlechtes nichtmanifestes Karma zu kontrollieren. Selbst wenn Sie sexbesessen sind, wird das nachlassen.

Diejenigen, die schlechtes Karma haben, sind immer ungeduldig, und sie bewegen sich als erste. Das verursacht schlechtes Karma für die anderen.

[Jemand wird vom Kyōsaku-Assistenten aus dem Dōjō geführt.]
Es sind immer die Gleichen, die zusammenbrechen. Es ist ihr nichtmanifestes Karma, das in Erscheinung tritt.

[Sollte beim Leser der Eindruck entstehen, dass die Menschen hier wie Fliegen umfallen, muss er sich in Erinnerung rufen, dass während dieser achtunddreißig Tage über tausend Menschen, viele von ihnen Anfänger, eines oder mehrere der vier Sesshin in Val d'Isère besuchten. Dass einige wenige von ihnen gewisse psycho-physiologische Schwierigkeiten hatten, ist also nicht erstaunlich.]

18. August, 20.30 Uhr

Die Kyōsaku-Assistenten dürfen während des Kusen nicht Kyōsaku geben. Korrigiert nur die Haltungen. Stoßt denjenigen, die schlafen, mit dem Kyōsaku in den unteren Teil des Rückens, auf der Höhe des fünften Lendenwirbels, um sie aufzuwecken.

Während der ganzen Nacht über werden Gedichte erschaffen; 84.000 davon machte der rauschende Fluss. Aber wie kann ich sie erklären? Vergangene Nacht schrieb ich noch ein anderes Gedicht über diesen Fluss hier in Val d'Isère:

So blicke ich zurück und sinne nach
über die Vergangenheit,
meine letzten zehn Jahre in Frankreich,
über das Gute und das Schlechte,
über das, was gewonnen wurde, und das,
was verloren ging.
Es ist ein Traum.

Die Berge im August,
das Rauschen des Flusses,
die Stimme des Stromes im Tal:
Um Mitternacht
kommt sie herein zu mir,
füllt das leere Fenster,
das einsame Fenster.

Kusen
Manche Buddhisten sagen, das Karma würde sich nach dem Tod fortsetzen, aber das ist nicht so. Das nichtmanifeste Karma (*mushō-gō*) setzt sich nach dem Tod nicht fort. Es betritt das Reich des Todes nicht. Wenn wir sterben, hört das nichtmanifeste Karma auf. Wenn der Baum fällt, verschwindet der Schatten.

Eine andere buddhistische Auffassung, eine eher philosophische, besagt, die Lehre vom nichtmanifesten Karma stehe im Widerspruch zur Lehre von der Vergänglichkeit der Erscheinungen. Die Lehre von der Vergänglichkeit der Erscheinungen erklärt, dass alle Erscheinungen Illusion sind, Vorstellung, und dass sie nur den Moment einfangen. Da sie vergehen, haben sie keine Realität. Das ist die wahre, die wirkliche Ansicht von allem sich verändernden Dasein. Man nennt dies den sich fortsetzenden Augenblick – der Vergangenheit, der Gegenwart und der Zukunft. Den gegenwärtigen Augenblick kann man nicht einfangen, und deshalb ist auch nichtmanifestes Karma wirklich. Es scheint also ein Widerspruch zu bestehen zwischen der Realität des nichtmanifesten Karmas und der Lehre von der Vergänglichkeit der Erscheinungen – die Lehre davon, dass Augenblick um Augenblick vergeht. Aber was ist Realität? In der Buddhalehre ist Realität die Existenz jedes einzelnen Lebewesens. Nicht nur bestätigte Existenz, sondern auch abwesende Nichtexistenz. Deshalb gibt es keinen Unterschied zwischen diesen beiden Lehren. Es gibt keinen Widerspruch zwischen der Realität des nichtmanifesten Karmas und der Realität der Vergänglichkeit, der Realität des Dahinschwindens jeden Augenblicks.

Ein Weiteres ist die Beziehung zwischen Karma und Samsāra. Diese sind nicht gleich, sondern verschieden. Und deshalb verneinte der Buddha Samsāra: weil das Echo des nicht-manifesten Karmas nicht entscheiden, nicht bestimmen kann, was nach dem Tod folgt.

Die Macht des Unterbewussten in der modernen Psychologie ist der Lehre vom Karma ähnlich. Aber die Lehre vom Karma geht tiefer. Oberflächliches Karma, das durch den Körper manifestiert wird, wird zur Gewohnheit – wie ein Echo oder eine Schwingung –, und so beeinflusst es die inneren Handlungen, indem es bewirkt, dass kein gutes Karma mehr geschaffen wird; insofern ist es nichtmanifestes Karma des Körpers. Genauso verhält es sich mit dem Karma des Mundes bzw. des Gesprochenen. Wenn Sie schlechte Worte schaffen, schlechte Dinge sagen und dann gute Dinge sagen wollen, werden die schlechten, zuvor ausgesprochenen Worte immer noch da sein, durch die Kraft des Karmas unbewusst versteckt. Das nichtmanifestierte Karma des Wortes heißt im Japanischen *fushōgō*. Jedenfalls ist diese Analyse einfach zu verstehen. Auch die moderne Psychologie hat all dies herausgefunden und bestätigt.

Einige hier denken: «Sensei hat die Uhrzeit vergessen.» Manche hier befinden sich in der «Zazenhölle». Ich kann es an der Bewegung ihres Gesäßes ablesen. Manche sind pünktlicher als eine Uhr. Nach genau dreißig Minuten bewegt sich ihr Hintern. Wenn ich also die Uhrzeit wissen will, brauche ich nur ihren Hintern anzuschauen. Es ist ihr nichtmanifestes Karma, welches da in Erscheinung tritt. Karma ist sehr exakt.

Die Kyōsaku-Assistenten sollen zwar kein Kyōsaku geben, aber sie sollen auch nicht wie Gespenster umherwandern! Prüft die Körperhaltungen ... Schaut genau hin ...

Mit dem Tod ist das nichtmanifeste Karma beendet. Ich antworte jetzt auf Laurents Frage, die er mir beim Mondō gestellt hat: «Wie können wir die Wurzeln des nichtmanifesten Karmas abschneiden?»

Meine Antwort darauf ist: Sie können sie abschneiden, wenn Sie sterben. Das ist die beste Methode. Eine andere Methode, sie abzuschneiden, ist die Zazenpraxis. Wenn Ihr Geist wie im Zustand des Todes ist (das ist Zazen – Hishiryō-Bewusstsein – lebendiges Nirvāna), dann können Sie Ihr nichtmanifestes Karma abschneiden. Das ist keine Antwort auf die Frage, *wie* man das nichtmanifeste Karma abschneidet, sondern nur eine Methode. Wenn Ihr nichtmanifestes Karma beim Zazen erscheint und Sie sich nicht bewegen, kann daraus nichts entstehen. Sogar die Sexbesessenen können höchstens auf ihr Zafu ejakulieren, sie können aber keinen Beischlaf haben.

Die modernen Psychologen meinen, dass es eine große Entdeckung wäre, wenn man eine Methode entwickeln könnte, das Unterbewusste herauszuschneiden – eine Entdeckung von noch größerer Bedeutung als die Entdeckung des Flugzeugs oder der Atombombe. Solch eine Methode, sagen sie, wäre eine großartige Entdeckung für den Fortschritt der Menschheit.

Zazen hat aber diese Entdeckung bereits gemacht. Die Meister der Überlieferung wussten nichts von dieser Entdeckung, aber ich weiß davon. Sie wussten nichts davon, weil sie die moderne Psychologie nicht kannten. Auch Dōgen kannte sie nicht. Daher versuchten die Meister, alles mit Gedichten oder schriftlichen Abhandlungen zu erklären. Das ist schwierig. Aber mithilfe der Psychologie oder der Physiologie ist es einfach, bestimmte Vorgänge zu erklären. Aber Hishiryō? Was ist das? Ich weiß es nicht.

Manchmal denken wir beim Zazen und manchmal nicht. Dōgen sagte im *Fukanzazengi*: «Was ist Hishiryō? Es ist nicht-denkend zu denken. Denken, ohne zu denken. Denkend nicht-denken.»

Es ist beides. Wir hören nicht, und doch hören wir. Das ist das Unterbewusste.

Die Gedanken kommen aus dem Thalamus wie Träume. Sie träumen, während Sie im Bett liegen, und die Müdigkeit im Gehirn löst sich auf. Wir träumen, wir schlafen, und wir träumen wieder. Menschen in guter gesundheitlicher Verfassung erinnern sich nicht an ihre Träume. So erholt sich das müde Gehirn. Aber dieses Problem kann nicht einfach nur durch Träume gelöst werden. Denn im täglichen Leben bleiben wir ängstlich.

Wenn Sie Zazen praktizieren, wird Ihr Unterbewusstes automatisch, unbewusst und natürlich in Erscheinung treten. Ich sage Ihnen immer, dass Sie Ihr Unterbewusstes nicht daran hindern sollen zu erscheinen. So werden Ihre unterbewussten Gedanken nach diesen zehn Tagen beendet sein. Und wenn das Sesshin vorbei ist und Sie Ihr letztes Mittagessen hier einnehmen, werden Ihre Gesichter entspannt und glücklich sein – zweifellos auch, weil Sie dann gehen dürfen. Aber Sie werden auch glücklich sein, weil Ihr Unterbewusstes aufgehört hat zu existieren.

19. August, 6.30 Uhr

Wenn Sie lange Zeit in Zazen sitzen, werden die Anhaftungen, die in Ihrem täglichen Leben bestehen, offensichtlich.

Einige schlafen hier. Das ist alles, was sie jemals tun. Andere konzentrieren sich – auf das Rauschen des Flusses unterhalb des Dōjō oder auf den Hintern vor Ihnen. Lassen Sie jedoch all diese Dinge vorbeiziehen ... Mehr Dinge, mehr Gedanken werden auftauchen, aber sehr bald werden auch diese vorbeiziehen. Sie werden nicht länger von Wichtigkeit sein.

In Japan rezitiert man nach dem Morgen-Zazen das *Sandōkai* und das *Hōkyō Zanmai* in altchinesischer Sprache. Dann folgt das Kaijō. Der mächtige Klang des Kaijō beeinflusst das Kikaitanden und macht es stärker. Geräusche sind beim Zazen sehr wirkungsvoll ...

19. August, 10.00 Uhr

Kusen
Gestern sprach ich über das nichtmanifeste Karma. Es gibt zwei verschiedene Lehrmeinungen zu diesem Thema. Die eine besagt, dass es kein nichtmanifestes Karma im Geist gibt, die andere, dass es nichtmanifestes Karma im Geist gibt – mehr als irgendwo sonst.

Wenn wir beim Zazen unsere Gedanken vorbeiziehen lassen und nur vorbeiziehen lassen, sodass keine Spur von ihnen bleibt, wenn keine Gedanken in unserem Denken bleiben, kein Rest von ihnen bleibt, dann wird es in unserem Geist – der ständig Sprünge macht wie ein Affe – kein nichtmanifestes Karma mehr geben. Aber wenn wir in unserem Denken Bonnō schaffen, wenn wir an unseren Gedanken haften, dann werden die Spuren dieser Gedanken die Neuronen in unserem Vorder- und Stammhirn beeinflussen – all das wurde durch die Forschung bestätigt –, und sie werden in unserem Geist zu nichtmanifestem Karma. Wenn wir jemandem gegenüber nachtragend sind und wir, unfähig, unseren Groll zu vergessen, daran festhalten und darüber nachdenken, wird ein großes Bonnō der Anhaftung daraus werden. Und so wird es zu nichtmanifestem Karma.

Die Substanz des Karmas ist das Denken. Wie wir hier und jetzt denken – das ist sehr wichtig. «Denkt, ohne zu denken», sagte Dōgen. «Denkt nicht-denkend. Wie nicht-denkt man denkend? Das ist Hishiryō. Das ist das Geheimnis des Zazen.»
[Langes Schweigen.]

Das *shi* in *hishiryō* bedeutet im Japanischen «Denken» – *cetanā* im Sanskrit. Die Sanskritwurzel *cet-* heißt «anhäufen, speichern»: gutes oder schlechtes Karma speichern.

Karma bedeutet also Denken. Wenn wir das Denken ansammeln, wird es zum Karma. Wenn wir das Denken nicht speichern – das heißt, wenn wir nur einmal an etwas denken –, dann wird es nicht zu Karma. Beim Zazen taucht das Unterbewusste auf, und somit werden die Gedanken nicht zu Karma. Wenn das Unterbewusste in Erscheinung tritt, verschwindet das Karma.

Wenn wir denken, schaffen wir ein Objekt für unser Denken, und so entsteht objektives Denken. Descartes ist berühmt für den Satz «Ich denke, also bin ich.».

Ich sage: «Ich denke *nicht*, also bin ich.» Beides ist notwendig. «Manchmal denke ich und manchmal nicht, also bin ich.» Die Idee dieser Aussage *und* Zazen sind beide notwendig. Die Franzosen sind große Denker. Pascal sagte einmal, der Mensch sei ein «denkendes Schilfrohr». Maine de Biran berichtigte später Descartes' Denkweise durch den Satz: «Ich handle, also bin ich.» Diese Aussage ist weiter entwickelt, und sie kommt dem Zazen näher.

«Ich spreche, also bin ich.» Keiner sagte das bisher. Der Mensch denkt, und das Schilfrohr spricht. Viele Menschen sprechen. Besonders die Frauen. Sie sprechen ununterbrochen. Gleich nach dem *Busshō Kapira*[47] am Morgen beginnen sie, loszuplappern. Manche sprechen sogar im Bett weiter, wenn sie schlafen.

Wenn wir leiden, wenn wir Angst haben, wenn wir uns ärgern, wenn wir voller Hass oder Leidenschaft sind, denken wir. Wir denken darüber nach. Sogar beim Zazen. Gestern fragte mich eine Frau beim Mondō, wie man im Zen über das Leiden denkt. Eine tiefe Frage, ein tiefes Problem.

Was ist das Objekt des Leidens? Wenn wir das Objekt des Leidens nicht verstehen, können wir das Leiden nicht abschneiden.

Eine Dame hier bewegt ihre Hüften, ich muss jetzt also aufhören. Sie ist pünktlich – es ist Zeit, aufzuhören. Kinhin!

---

47 Mit diesen Worten beginnt das Sūtra, das vor den Mahlzeiten rezitiert wird.

[Die Glocke wird geschlagen, alle stehen auf und beginnen mit Kinhin.]

Beim Kinhin muss die Wirbelsäule gerade sein, die Augen müssen drei Meter vor Ihnen ruhen bzw. in der Höhe des unteren Teils des Rückens Ihres Vordermannes. Kinn zurückziehen. Nacken strecken. Strecken Sie das Knie des jeweils vorderen Beines. Lassen Sie das hintere Bein locker, ohne Anspannung.

[Die Glocke wird erneut geschlagen, und alle kehren an ihre Plätze zurück.]

Im Buddhismus hat die Lehre vom kosmischen Existenzialismus den Dharma zum Gegenstand. Was ist Dharma? Dass alles Dasein in Wechselbeziehung miteinander steht – das ist Dharma. Manchmal folgt unser persönliches Denken der kosmischen Ordnung, manchmal steht es im Gegensatz zu ihr. Beim Zazen folgen die meisten dieser Ordnung. Hishiryō heißt dem kosmischen Bewusstsein folgen. Der Philosoph Rosenberg benutzt den Ausdruck «Akt der Erweiterung», was bedeutet, dass unsere Handlungen einen Teil der fundamentalen kosmischen Ordnung ausmachen. Die Erfahrung des Menschen, schreibt Rosenberg, ist die Beziehung zwischen dem Ego (dem Geist im Innern) und den äußeren Erscheinungen (der äußeren Umgebung). Und in diesem Augenblick, wenn diese Beziehung vorhanden ist, sind beide momentan miteinander verbunden. Es ist nicht notwendig, die Wirklichkeit der Sonne infrage zu stellen, wenn wir sie betrachten. Die Sonne, die in Bewegung ist, besteht aus vielen Elementen. Aber wir wissen nichts über die Substanz (das Numen) der Sonne. Wenn wir die Sonne anschauen, schauen wir nur eine Illusion an. Genauso verhält es sich mit dem Ego. Es gibt keine Beziehung zwischen dem Ego und der Sonne, weil das Ego, wie die Sonne, keine Substanz hat, kein Numen. Eigentlich keine Realität. So gibt es zwischen der Welt und den Menschen unendlich viele Verbindungen zwischen unzähligen Elementen aufgrund der Existenz von Zwischenbeziehungen und vielfältigen Kombinationen von Erscheinungen. Wie ich sagte, viele Ursachen ergeben viele Effekte.

Die Struktur der Welt, in der die Menschen leben, ist aus Erscheinungen zusammengesetzt, aus einer Kombination von Gegenstän-

den und Menschen. Wie können wir also das Karma abschneiden?
Wie können wir gutes Karma erzeugen? Ein großes Problem. Indem
er die Quelle der fundamentalen Kraft wird, bestimmt unser Wille –
unser Bewusstsein – unsere Handlungen und unsere Worte.

Manchmal handeln wir zuerst, manchmal sprechen wir, bevor
wir handeln. Manche Frauen hier sprechen sofort drauf los, wenn sie
die Gesichter ihrer Freunde erblicken. Dann gibt es wieder Menschen, die sprechen, um andere zu kritisieren. Oder um das Essen
auf dem Tisch zu bemängeln: «Nur Couscous! Und nie Fleisch!
Und schau dir die Reissuppe an – nur Wasser!»

Trotzdem ist Vollreissuppe ein praktisches Gericht für diejenigen, die in der Küche arbeiten. Wenn mehr Leute kommen als erwartet, muss man nur die Suppe durch Zugabe von Wasser strecken ...

Fuyō Dōkai war ein großer Meister in China. Als der Kaiser von ihm
hörte, lud er ihn ein, in der Hauptstadt zu wohnen. Dōkai weigerte
sich. Stattdessen eröffnete er ein Dōjō an einem See in den Bergen.
Viele Schüler kamen zu ihm dorthin. Zu viele. Der Kaiser war eifer-
süchtig. Dōkai verstand es besser als ich, Schüler zu sammeln. Er
machte keine Plakatwerbung, und trotzdem kamen viele zu ihm.
Dōkai wollte also Schüler abweisen. Es ist für einen Meister schwierig, Schüler abzuweisen, aber manche taten es. Bodhidharma tat es
auch. In der heutigen Zeit gibt es dieses Problem natürlich nicht.
Die Schüler laufen eher davon. Und um sie zum Weglaufen zu bringen, brauche ich nur kräftig Kyōsaku zu geben. Wie auch immer,
Meister Fuyō Dōkai reicherte die Suppe einfach niemals mit Reis an.
Er fügte nur Wasser hinzu. Je mehr Leute kamen, desto mehr Wasser
gab er zu der Suppe. So gingen diejenigen, die großen Hunger hatten, bald weg. Eine gute Methode.

Als Professor Ōkubo-Dōshū[48], der jetzt fünfundachtzig Jahre alt
ist, das Dōjō in Paris besuchte, war er von der Reissuppe sehr beeindruckt. An diesem Tag waren viele Leute gekommen, und Poupoon,
der Koch, servierte uns nur Wasser. Er erinnert sich sicher daran.

Nun, um zum Abschluss zu kommen: Wie können wir das Karma abschneiden? Alle großen Meister studierten dieses Problem, wie

---

48 Ein damals hochrangiger und einflussreicher Gelehrter des Zen.

man das schlechte Karma abschneidet. Insbesondere studierten sie das Problem, wie wir denken, und somit, wie wir das nichtmanifestierte Karma abschneiden können. Alle großen Meister der Überlieferung stellten sich diese Fragen. Nicht für sich selbst, sondern für die anderen. Auch ich denke darüber nach. Das ist die Pflicht, die Berufung, die Religion eines wahren Mönchs. Wenn Sie also Mönch werden, müssen Sie sich auf dieses Problem konzentrieren.

Letztendlich ist Zazen die Antwort.

Viele meiner Schüler sind sexbesessen, und ich leide für sie. Diejenigen, die viel Zazen praktizieren, werden zu stark. Sie rauchen (wie ich), sie trinken (wie ich), und sie haben einen starken sexuellen Trieb (dafür bin ich zu alt). Ich lehre meine Schüler, das Ego aufzugeben, und so geben sie es zu schnell auf. Das ist ein Fehler.

Eine der Methoden, das Bewusstsein zu verändern, besteht im Handeln mit dem Körper und durch Worte. (Die Handlung des Körpers und der Sprache beeinflusst den Geist, der seinerseits den Körper und die Worte beeinflusst.) Deshalb entstanden viele verschiedene buddhistische Schulen. In den meisten davon bildet die Lehre vom Karma den Grundpfeiler, die tragende Säule. So begannen viele große Mönche, die ihr Karma abschneiden wollten, unter der Anleitung der verschiedensten Meister zu studieren.

Heutzutage gibt es in Japan hauptsächlich zwei buddhistische Schulen: Zen und Nenbutsu. Nenbutsu, das im Rezitieren des Namens «Namu-Amida-Butsu» besteht, ist einfacher zu praktizieren als Zen. Dann gibt es noch die Ōbaku-Schule. Ōbaku[49] benutzte sowohl Zen als auch Nenbutsu. In der Ōbaku-Schule rezitiert man das Nenbutsu beim Zazen. Das ist dann sehr laut.

Wenn Sie sich auf zwei oder mehr Dinge gleichzeitig konzentrieren, erreichen Sie nichts. Im *Shinjinmei* heißt es, dass Sie alles erreichen, wenn Sie sich auf eine Sache konzentrieren. Wer sich auf Yoga, tibetanischen Buddhismus, Karmapa, Rinzai, Sōtō und die Kampfkünste konzentriert, weiß nichts vom wahren Zen. Wenn Sie sich je-

---

49 Huangbo Xiyun (jap. Ōbaku Kiun; gest. 850), Lehrer von Linji Yixuan (jap. Rinzai Gigen).

doch auf eines konzentrieren, erreichen Sie alles. Shinran, der zur gleichen Zeit wie Dōgen lebte, sagte, dass man sich nur auf Nenbutsu konzentrieren solle. Shinran schrieb in einem berühmten Gedicht, dass sich das ganze Karma der drei Welten verringert und schließlich verschwindet, wenn wir das Namu-Amida-Butsu rezitieren. Meister Daichi schrieb: Zazen ist die höchste Methode, um das Karma abzuschneiden. Auch Dōgen schrieb dies.

Dōgen äußerte sich ausführlich zu diesem Thema des Abschneidens des schlechten Karmas. Er schrieb auch über die Verdienste des Kesa. Im Kapitel *Kesa kudoku* des *Shōbōgenzō* schreibt er, dass das Tragen des Kesa der einfachste Weg ist, das Karma abzuschneiden. Denn wenn diejenigen, die nicht Zazen praktizieren können, das Kesa tragen, werden sie das große Verdienst erlangen, das nötig ist, um das Karma abzuschneiden. Warum? Das werde ich ein anderes Mal erklären. Jetzt ist die Zeit um Madame hat ihren Po bewegt.

Heute Nachmittag gibt es Massage. Und jetzt ein Mondō.

Mondō
[Wie üblich wenden sich alle von der Wand ab und dem Meister zu.]

Meister: Irgendwelche Fragen? Nein? Keine Fragen – dann machen wir weiter Zazen.

Frage: Schneidet Zazen das Karma ab?

Meister: Das war meine Schlussfolgerung. Haben Sie nicht zugehört?

Frage: Sensei, warum werden die schlimmsten Menschen zu Mönchen?

Meister: Wie Sie?

Schüler: Ja, wie ich. Und wie andere.

Meister: Die Schlimmsten werden die besten. Das ist Mahāyāna-Buddhismus. Die eigenen Bonnō werden zur Quelle des Satori. Wenn viel Eis schmilzt, ergibt das viel Wasser. Große Bonnō, durch einen großen Meister umgewandelt, werden zu einem großen Satori. Und übrigens, was heißt «die Schlimmsten»? Solche Maßstäbe von gut und böse sind Moral.

Frage: Was bleibt übrig, wenn das Karma beendet ist?
Meister: Satori. Lebendiges Nirvāna.

Frage: Ist Leiden für die Entwicklung, für den Fortschritt des Menschen notwendig?
Meister: Ja. Aber es kommt darauf an, wie wir unser Leiden meistern. Wenn Sie durch Schwierigkeiten hindurchgehen, Ihre Entwicklung durchschreiten, wird sich Ihr Niveau verändern. Aber wenn Sie keine Schwierigkeiten erfahren, können Sie auch keine Fortschritte machen. Das ist das Problem der modernen Zivilisation.

Manche sagen, dass die zukünftige Zivilisation eine spirituelle sein wird. Die vorangegangene war materialistisch. Aber ich sage, dass wir beide benötigen, die materielle und die spirituelle. Die westlichen Menschen sind immer einseitig. Manche im Westen wollen sogar zu den prähistorischen Zeiten zurückkehren.

Frage: Was ist der Unterschied zwischen der Bodhisattva-Ordination und *pañcaśīla*?
Meister: Sind Sie Vietnamese?
Schüler: Ja.
Meister: Es ist das Gleiche.

Frage: Kann man Zazen auch ohne religiöse Zeremonien praktizieren?
Meister: Wie Sie wollen. Ich unterrichte für meine Schüler. Wenn meine Schüler japanische Klöster besuchen, müssen sie wissen, wie sie sich zu verhalten haben. Aber Zeremonie ist auf jeden Fall sehr wichtig. Das Verhalten des Körpers ... Auch Sanpai ist sehr effektiv. Und das Rezitieren des *Hannya Shingyō* verringert Ihr schlechtes Karma.

Sonst keine Fragen mehr?

19. August, 16.00 Uhr

Kusen
Schon bevor Bodhidharma China besuchte, war das Nenbutsu weit verbreitet. Nenbutsu ist ein Buddhismus der Sūtras – es ist eine Tendai-, eine Jōdō-Philosophie. Nenbutsu praktiziert Konzentration

durch Rezitation des Namens von Amida-Butsu – diese Rezitation dauert von morgens bis abends. Sie bedeutet: Ich glaube an Amida-Buddha und respektiere ihn. Dieser Name hat im Hinduismus die gleiche Silbe: *nam*.

Amida ist kein richtiger Buddha, vielmehr ein Ideal, wie Gott. Und die Beziehung zwischen Amida und Śākyamuni Buddha im Nenbutsu ähnelt der Beziehung zwischen Gott und Christus, wie wir sie aus dem Christentum kennen. Das Christentum hatte Einfluss auf den Buddhismus und umgekehrt, und dieser Einfluss trat in Griechenland zutage. Um diese Dinge besser zu verstehen, las ich zu diesem Thema Bücher im Guimet-Museum in Paris.

Diese beiden Religionen, Nenbutsu und Christentum, sind sich sehr ähnlich. Sie beinhalten den gleichen Dualismus. Der Dualismus, den wir in der Beziehung zwischen Gott und den Menschen finden, hat Ähnlichkeit mit dem Dualismus, den wir zwischen Amida und den Menschen finden. Ähnlich ist auch die Tatsache, dass der Mensch nach dem Tod ins Paradies gelangen, niemals aber selbst Amida-Buddha oder Gott werden kann.

Als ich noch ein Kind war, praktizierte meine Mutter, die sehr stark an Amida-Buddha glaubte, morgens und abends die Rezitation. Und ich musste das Gleiche tun. Ich musste Gasshō zu Amida-Buddha machen und dann, wie meine Mutter, seinen Namen rezitieren. Sobald meine Mutter aber tief versunken war in ihre Andacht, verschwand ich leise und schlich erst dann zurück, wenn sie fast zu Ende war. Während meiner Studienzeit an der Universität von Yokohama besuchte ich die christliche Kirche, um meine Englischkenntnisse zu üben. Die Tochter des Pastors gab mir Unterricht in englischer Konversation und in Bibelkunde. Das dauerte drei Jahre.

Wie auch immer, damals bemerkte ich die Ähnlichkeit zwischen Christentum und Amida-Buddhismus. Aber hier endete die Ähnlichkeit auch – das amerikanische Mädchen, das mich die Bibel lehrte, und meine Mutter, die mich den Amida-Buddhismus lehrte, waren ganz und gar verschieden. Die Amerikanerin war sieben- oder achtundzwanzig und sehr schön, also gab ich den Amida-Buddhismus auf und konzentrierte mich auf das Christentum. Und auf sie. Sie brachte mir auch das Tanzen bei ...

Der einzig wesentliche Unterschied, den ich zwischen diesen beiden Religionen fand, war die Lehre vom Karma. Der Amida-Buddhismus geht tiefer als das Christentum, weil er an der Lehre vom Karma festhält. Das Christentum fand ich ein wenig fatalistisch. (Den Unterschied zwischen der Lehre vom Karma und der vom Fatalismus habe ich bereits erklärt.)

Nachdem ich gehört hatte, dass die Essenz des Mahāyāna-Buddhismus im Zen zu finden wäre, nahm ich an einem Sesshin im Tempel Engakuji, einem Rinzai-Tempel in Kamakura, teil. Wir standen jeden Morgen um zwei Uhr auf und praktizierten Zazen bis sechs Uhr abends. Während der Nacht schliefen wir kaum. Zazen wurde draußen bei den Moskitos praktiziert. Und dann das Kyōsaku. Ich erhielt von morgens bis abends Stockschläge, und mein Körper wurde ganz rot. Fünf Tage vergingen so. Ich fasste mich in Geduld. Am sechsten Tag jedoch schlug mich der Kyōsaku-Assistent, der wie alle anderen schläfrig gewesen sein muss, mit dem Stock – nicht auf die Schultern, sondern mitten auf den Kopf. Ich wurde wütend, sprang auf und schlug zurück. Wir kämpften. In Rinzai-Tempeln sitzt man (anders als im Sōtō) beim Zazen in den Raum gewandt, und so sahen alle unseren Kampf. Sie sprangen auf, um mich aufzuhalten. Aber ich war damals Meister im Schwertkampf und hatte keine Mühe, sie mir vom Leib zu halten. Das hat natürlich nichts mit Religion zu tun; das ist bloße Gewalt. Wie auch immer, ich hatte genug und ging zum Meister – der in seinem Zimmer schlief – und weckte ihn auf, um ihm zu sagen, dass ich gehen und mit Zazen aufhören wollte. Ich erzählte ihm alles über den Vorfall, und er lachte. «In der Geschichte des Zen bist du der einzige», sagte der Meister, «der jemals einen Kyōsaku-Assistenten angegriffen hat.»

Tatsächlich wurde dieser Vorfall berühmt – so sehr, dass die japanischen Rinzai-Mönche Angst vor mir hatten. Und mein eigener Meister Kōdō Sawaki warnte die Kyōsaku-Assistenten immer: «Passt auf, wenn ihr Deshimaru einen Schlag gebt!» Infolgedessen hatten alle Angst vor mir mir, und ich bekam beim Zazen niemals Kyōsaku. Die Kyōsaku-Assistenten hielten sich immer fern von mir. Das ist aber auch nicht so gut. Später bereute ich alles, was geschehen war.

Einige Zeit nach meinen Erfahrungen mit Rinzai-Zen besuchte ich Kōdō Sawaki. Ich erzählte ihm, dass ich Zazen praktizieren wollte. Er aber sagte, ich solle es lassen. Zu schmerzhaft. Er ermutigte mich überhaupt nicht, sondern schlug stattdessen vor, ich solle das Namu-Amida-Butsu rezitieren, das sei einfacher. Ich besuchte Kōdō Sawaki jedoch wieder – diesmal im Tempel Sōjiji. Er ließ mich in seinem Zimmer warten, während er wegging, um mit seinen Schülern Zazen zu praktizieren. Als er nach dem Zazen zurückkam, gab er mir sehr starkes Sake zu trinken. Ich war des Zazen wegen gekommen, und er wollte mich mit Sake unterrichten. Ich war überrascht.

Als es Zeit war zu gehen, war ich jedenfalls völlig betrunken. Beim Hinausgehen rief Kōdō Sawaki mir nach: «Du darfst dich nicht bei den anderen Mönchen sehen lassen und nicht im Tempel hinfallen. Du darfst erst draußen umkippen!»

Sobald ich außerhalb des Tempelgeländes war, setzte ich mich unter einen Baum – mitten in einen Haufen Hundekot. In diesem Augenblick hatte ich ein Satori!

In China entwickelte sich der Buddhismus in zwei Linien – Zen und Nenbutsu. (*Nen* heißt Konzentration, und *butsu* ist der Name Amida-Buddhas.) Bis zur Zeit Maos und des Kommunismus neigte man in den Tempeln von Shanghai und Beijing dazu, die Praktiken von Zen und Nenbutsu zu vermischen. Und in Japan geschah manchmal das Gleiche. Sōtō ist die größte buddhistische Schule (es gibt allein in Japan an die fünfzehntausend Sōtō-Tempel), und gleich danach kommt Nenbutsu. Rinzai, Shingon und Tendai sind von geringerer Bedeutung. Ihre Tempel sind allerdings ganz wundervoll.

Während Zen sich auf die Lehre von Kū konzentriert und keine Kommentare zum Karma abgibt, konzentriert sich Nenbutsu auf die Lehre vom Karma und gibt keine Kommentare zu Kū. Dōgen selbst erwähnte die Lehre vom Karma niemals, während Shinran, der Nenbutsu in ganz Japan verbreitete, nur vom Karma sprach. Er lehrte, dass das Leben nur eine Fortsetzung des Karmas ist und dass das Leben – weil es kein Numen gibt – aus wechselseitiger Abhängigkeit, aus Karma, besteht.

Bis heute hat kein Zenmeister der Überlieferung jemals das Thema «Karma» berührt. Somit stellen meine Kusen hier eine historische Lehre dar. Wenn wir unser Karma verstehen und beobachten können, verstehen wir die Bedeutung von Kū besser. Kū und Karma sind zwei verschiedene Seiten derselben Münze. Wir müssen beide Seiten sehen. Ich muss dazu mehr erklären, aber Madame bewegt ihre Hüften; die Zeit ist also um.

19. August, 20.30 Uhr

[Wie üblich erscheint der Meister im Dōjō, unmittelbar nachdem die Schüler die Zazenhaltung eingenommen haben. Ein Schüler oder eine Schülerin geht dem Meister voraus und kündigt dessen Ankunft durch das Anschlagen des *Inken*, einer kleinen Handglocke, an. Dieses Ritual findet zu Beginn jedes Zazen statt.]
Nur eine Stunde! Konzentrieren Sie sich also auf Ihr Zazen!

Kusen
Ich setze jetzt das Kusen über Transmigration und Samsāra fort.

Im alten indischen Denken wurde die Transmigration (Samsāra) in metaphorischer Form als ein ewiges Symbol menschlicher Kraft und der Persönlichkeit erklärt. Und seit Buddhas Zeiten erklärt der indische Buddhismus die Transmigration weiterhin auf diese Weise. In Indien ist Karma infolgedessen eine Metapher für die Ewigkeit oder für die Unendlichkeit von Śakti.

Der chinesische Realismus dagegen erklärte die Transmigration als ein Ursache-Wirkung-Verhältnis. Sogar nach dem Tod setzt sich unser Geist fort – bis in die Ewigkeit. So ist seit der Entwicklung des traditionellen indischen Denkens der Beweggrund der Transmigration schon immer Ursache und Wirkung. Alle Handlungen der Menschen, seien sie gut oder schlecht, werden Karma, denn alle Handlungen haben ihre Auswirkungen.

Wenn wir aber unseren Geist üben und Gutes tun, erreichen wir Mu (das «Nichts»). Und so werden wir Buddha. Das ist die moralische Bedeutung der Transmigration. (Auch hier haben wir die Beziehung zwischen Transmigration, Reinkarnation und Nirvāna.) Wenn wir durch unser Handeln die zehn *Kai* (die Vorschriften) verletzen, werden wir bestimmt in Naraka (der Hölle) enden. Aber wenn wir die Kai beschützen und achten, wird sich unser Glaube verändern, und wir werden wie Buddha. Wir werden im Paradies wiedergeboren. Wenn aber die Wirkungen dieses guten Karmas beendet sind, müssen wir das Paradies verlassen. Deshalb ist der endgültige Zustand des Nirvānas *Mu* (das Nichts).

In diesem Augenblick können die Menschen den Zustand jenseits der Transmigration erreichen. Der Zustand jenseits der Transmigration (des Samsāras) ist die Welt von *Mu*.

Erfahren Sie also den Geist. Vergessen Sie das Ego, geben Sie es auf. Erfahren Sie das Vergessen. Erfahren Sie das Aufgeben des Ego. Das ist der absolute Zustand *Mu*. Lebendiges Nirvāna wird Wahrheit.

[Langes Schweigen.]

Im alten indischen Buddhismus wurde diese Frage der Transmigration kontrovers behandelt. Da das Muga der buddhistischen Lehre die Realität des Ego verneinte, entstand die Frage: Was wird dann transmigriert? ... Die Substanz der Transmigration selbst wurde also verneint. Später aber, nach dem Aufkommen des Mahāyāna-Buddhismus, wurde dieser Widerspruch aufgelöst. Die verneinte Substanz der Transmigration wurde zusammen mit der Lehre von Muga (Nicht-Numen) in den Mahāyāna-Buddhismus aufgenommen.

Der Mahāyāna-Buddhismus erklärt Transmigration in Begriffen der Moral – damit die Menschen Anstrengungen in die richtige Richtung machen. Er erklärt die Transmigration auch in philosophischen Begriffen – als einen fortlaufenden Strom, der ewig weiterfließt, in ständiger Wiederholung der Transmigration. Aber letztlich zeigt der Mahāyāna-Buddhismus, dass der wahre Meister auf der höchsten Ebene steht – jenseits der Anhaftung an den Strom. Und deshalb dürfen wir (die Meister) nicht wieder in die Welt der Transmigration oder Reinkarnation zurückkehren.

Das bedeutet lebendiges Nirvāna – jenseits der Grenzen der Zeit. Jenseits von Vergangenheit, Gegenwart und Zukunft. Das ist der absolute Zustand der Welt. So wurde im indischen Buddhismus die Lehre vom Karma der Lehre von der Reinkarnation – wo Ursache und Wirkung vollkommen ausgewogen sind – ähnlich.

In China entwickelte sich der Buddhismus gemäß der Vorstellung, dass gute Ursachen gute Wirkungen und schlechte Ursachen schlechte Wirkungen ergeben; und er passte damals gut zu den moralischen Lehren von Konfuzius.

All das ist sehr kompliziert. Einige Leute hier verstehen nichts, und deshalb schlafen sie. Aber ich erkläre die wahre Essenz und die wahre Geschichte der Buddhalehre, wie sie von Indien über China nach Japan gelangte und von Japan nach Europa. Und ich erkläre Ihnen Karma. Das ist sehr wichtig. Es ist dies auch wichtig aus der Sicht der Geschichte der Zivilisation an sich.

[Das Glockenzeichen zum Kinhin ertönt, und alle stehen auf.]

Machen Sie zu Beginn der Ausatmung einen Schritt von der Länge eines halben Fußes vorwärts, und pressen Sie die Fußsohle auf den Boden – genau an der Wurzel der großen Zehe. Dann strecken Sie das Knie. In diesem Moment ist das andere Bein locker und entspannt.

[Die Glocke, die das Kinhin beendet, ertönt, und alle kehren zu ihren Plätzen zurück.]

Schnell, schnell, zu Ihren Plätzen! Nur noch fünfzehn Minuten. Sie brauchen nicht zu schlafen. Manche schlafen bei jedem Zazen, und anschließend werden sie richtig munter. Andere denken, Senseis Kusen sind sehr gut. Sie verstehen zwar nicht ihre Bedeutung, aber sie mögen sie trotzdem, weil sie rhythmisch sind und sie ihnen helfen, die Zeit zu vergessen.

Meister Dōgen studierte in der Nähe von Kyōto den chinesischen Buddhismus, besonders Tendai. Auf dem Berg Hiei. H - I - E - I. Die Aussprache des Japanischen ist nicht einfach. Die des Französischen aber auch nicht: Louwwwlllant![50] Anfangs konnte ich die Rs und die Hs nicht verstehen ... Sie dürfen beim Zazen nicht lachen! ...

Dōgen war mit dem Tendai-Buddhismus nicht zufrieden, er verließ den Berg und erhielt Unterweisung und Erziehung von Eisai, dem großen Rinzai-Meister.

Wie ich: Zuerst erhielt ich eine Rinzai-Erziehung von einem Rinzai-Meister in Kamakura. Aber Dōgen schlug nicht (wie ich) den Kyōsaku-Assistenten. Er war ein guter Mönch. Aber abgesehen davon, als ich den Mann damals schlug, war ich noch nicht Mönch.

50 Gemeint ist Laurent, damals Tenzo (Chefkoch) des Sommerlagers.

Wie auch immer, Dōgen war auch mit der Rinzai-Lehre nicht zu-frieden, und so segelte er nach China.

In China angekommen, besuchte Dōgen die Rinzai-Tempel und auch andere, und er traf viele chinesische buddhistische Meister; er war aber letztlich mit keinem von ihnen zufrieden, und so entschied er sich, das alles aufzugeben. Er dachte, es wäre wohl besser, zum Katholizismus zu konvertieren. (Das ist natürlich ein Scherz.) Jeden-falls kehrte er zum Hafen zurück, um das nächste Schiff nach Japan zu nehmen.

Es war gerade Sommer, und Dōgen sah in der Nähe des Hafens einen alten Mönch, der in der sengenden Hitze Pilze zum Trocknen auslegte. Der Mönch rackerte wie ein Schwerarbeiter, hatte aber ei-nen tiefen Gesichtsausdruck; Dōgen war von ihm sehr beeindruckt. Er näherte sich dem Mann und sagte zu ihm: «Ich respektiere Euch und Euer Tun. Aber warum beschäftigt Ihr Euch mit dem Trocknen von Pilzen? Ihr seid ein großer Mönch, und Ihr seid auch alt. Wa-rum arbeitet Ihr in der Hitze, und so schwer?»

«Well es meine Pflicht ist. Ich bin der Koch eines großen Tem-pels auf dem Berg Tendō. Ich bin der Chef-Tenzo. Ich bin Laurent. Und deshalb muss ich diese Pilze für den Tempel zubereiten. Ich habe sie auf einem japanischen Boot gekauft. Japanische Pilze haben eine gute Qualität, aber diese hier sind ein wenig feucht. Es muss nass gewesen sein auf dem Schiff.»

«Euer Tempel auf dem Berg Tendō ist sehr weit entfernt von hier», sagte Dōgen. «So lasst Euch von mir auf mein Schiff einla-den. Ihr könnt dort schlafen. Außerdem möchte ich gerne mit Euch sprechen.»

«Nein, nein. Ich muss zurück zum Tempel.»

«Aber warum? Ihr müsst Euch doch ausruhen.»

«Nein, nein», antwortete der alte Mönch. «Morgen beginnt ein Sesshin, und viele Mönche warten auf mich. Wenn ich nicht zu-rückkehre, haben sie nichts zu essen.»

«Aber warum habt Ihr Euch denn überhaupt das Amt des Ten-zo ausgesucht?», wollte Dōgen wissen. «Warum zieht Ihr die Ar-beit in der Küche vor, wenn Ihr stattdessen Bücher über die Buddha-lehre studieren und Abt werden könntet? Warum habt Ihr Euch stattdessen entschlossen, Arbeiter zu sein?»

Der alte Mönch lächelte. «Ihr seid aber ein Kindskopf! Ihr wisst ja gar nichts von der Buddhalehre! Die wahre Buddhalehre gibt es weder in Büchern noch in den Sūtras. Sie besteht in der Praxis. Hier und jetzt!»

Dieses Mondō ist in der Geschichte des Buddhismus sehr berühmt geworden. Dōgen jedenfalls erhielt einen großen Schock; er schreibt darüber in seinen Aufzeichnungen. Er bekam damals augenblicklich Satori! Wasser – Schweiß – rann seinen Rücken hinunter.

«Ich möchte Euren Tempel gerne besuchen», sagte er dann.

«Ich bin nur der Tenzo. Aber der Name meines Meisters ist Nyojō, und er ist ein großer Meister. Kommt mit, ich werde ihn Euch vorstellen.»

Nach dem Sesshin besuchte Dōgen Meister Nyojō. Als sie sich begegneten, war Dōgen sehr beeindruckt. Nyojō hatte ein starkes Gesicht – vielleicht wie das meine. Er hatte große Augen und ein große Nase. Dōgen sagte ihm, dass er sein Schüler werden wolle.

«Bleibt einen Monat oder zwei hier», antwortete Nyojō. «Ihr seid ein kluger kleiner Japaner.»

Dōgen war eher klein als groß; er war damals erst fünfundzwanzig Jahre alt, und er war ein guter Junge. Er sah aus wie ein Gigolo.

Dōgen brachte das wahre Zen, das *wahre* wahre Zen mit nach Japan zurück. Ich lasse die theatralische Szene aus, die sich abspielte, als Dōgen zum ersten Mal den Tempel betrat. Ich muss sie weglassen, damit wir dieses Sesshin morgen früh beenden können.

Dōgen vergaß alles über das Problem des Karmas. Er konzentrierte sich nur auf den Gedanken «darüber hinaus», auf Mu. Auf die Transmigration. Muga. Auf Kū. Nicht-Numen. Das ist Shikantaza.

Meister Nyojō sagte Dōgen, dass er nur das wahre Shikantaza verbreiten solle. Dōgen studierte Karma sehr ausführlich und tief, aber er respektierte die Anweisungen seines Meisters aufrichtig, und so praktizierte er nur *Shikantaza*, das Einfach-nur-in-Zazen-Sitzen.

20. August, 6.30 Uhr

Kusen
Es gibt zwei Wege der Erziehung der menschlichen Persönlichkeit.
Der eine ist die intellektuelle Methode – wie man bei der heutigen
Kindererziehung sehen kann. «Du musst dies oder jenes tun», sagt
die Mutter zu ihrem Kind. Diese Methode ist ohne Praxis, sie ist vielmehr auf intellektuellem Verständnis aufgebaut, auf Wissen. Solch
eine Methode ist nicht sehr effektiv.

Der andere Weg besteht in der Praxis, in der Veränderung des Gehirns – durch Moral oder, viel tiefer, durch Religion. Die Menschen
müssen lernen zu reflektieren, umsichtig zu sein, sich zurückzuhal-
ten, klug und bescheiden zu sein und Selbstkontrolle zu üben. Denken Sie über diese Frage der Selbstbeherrschung nach, und Sie werden in der Lage sein, Ihr tägliches Leben in rechter Weise zu verändern.

Diese zweite Methode hat weder etwas mit Behaviorismus noch
mit der modernen Psychologie zu tun, sondern mit Folgendem: Kinn
zurückziehen, die Wirbelsäule strecken, die richtige Haltung einnehmen. Das ist Zazen. Der Körper beeinflusst den Geist. Der Körper ist
während der Zazenpraxis unbeweglich. Und so werden – mit einer
absolut richtigen Haltung, mit der richtigen Muskelspannung –, Ihr
Verhalten und Ihre Körperhaltung Ihr Denken beeinflussen.

Das ist die höchste Würde.

Man denkt viel während der Zazenpraxis, aber hier ist es rechtes
Denken, und so können Sie sich objektiv betrachten. Und somit
sind Ihre Sexgedanken nichts als Schatten, die an einem Spiegel vorbeiziehen.

In den Zentexten werden Sie diese Konzeption, diese Analyse
des Karmas nicht finden. Im Zen wird Karma mit Benehmen, mit
Verhalten gleichgesetzt. Deshalb wird das Betragen im Dōjō als sehr
wichtig angesehen. Wenn man das Dōjō betritt, so betritt man es
mit dem linken Fuß zuerst, auf der linken Seite des Eingangs. Man
verlässt es mit dem rechten Fuß zuerst, auf der rechten Seite. In einem Dōjō ist nicht nur die Haltung wichtig, die Regeln sind es ebenso. Die Dōjōregeln sind streng, aber man muss sie befolgen. Das Verhalten erzieht den Geist.

Während des ersten Zazen, am Morgen vor dem Frühstück, tragen immer einige von Ihnen das kleine Kesa, das Rakusu. Sie sollen es aber nicht vor dem Frühstück tragen. Nur der Verantwortliche für das Dōjō, die Sekretärin, andere Verantwortliche wie die Kyōsaku-Mönche und auch derjenige, der draußen die Glocke schlägt, können ihr Kesa tragen. Niemand sonst. Nicht einmal der älteste Schüler darf es tragen. Das Tragen des Kesa während dieser Zeit wird Ihnen schlechtes Karma bringen. Sobald aber das Kaijō geschlagen wurde, legen Sie Ihr Kesa auf den Kopf und rezitieren das Kesa-Sūtra, das *Dai Sai Gedappuku*. Wenn dieses beendet ist, legen Sie Ihr Kesa an. Während aller anderen Übungszeiten eines Sesshin jedoch müssen alle, die ein Kesa haben, dieses auch tragen.

Das Verhalten ist im Zen sehr wichtig. Verhalten ist Karma. Karma kann auch die *Kai*, die Gebote, bedeuten. Wenn Sie diese Gebote befolgen, wird Ihr Karma nicht schlechter, sondern besser werden. Solch eine Erziehung wird Sie dem Verständnis von Muga, von Kū oder Nicht-Numen näherbringen. Was ist Muga? Was ist Kū? Meine Schüler müssen verstehen, was diese Dinge bedeuten.

Im Gegensatz dazu erwähnt das Jōdō-kyō, die Schule des Reinen Landes, Muga oder Kū nicht. Man findet in ihren Texten oder Sūtras keinen dieser Begriffe. Die Essenz ihrer Lehre besagt, dass Ursache und Wirkung im Gleichgewicht sind. So gibt es In Japan, wie ich bereits sagte, zwei Systeme oder Lehren, zwei Pfeiler der Buddhalehre: Zen und Nenbutsu oder Jōdō-kyō. Zen erzieht ausschließlich auf die ursprüngliche Persönlichkeit hin, Nenbutsu auf die existenzielle. Beide sind notwendig, und ein wahrer Meister lehrt beide. Aber durch die gesamte Geschichte des japanischen Buddhismus hindurch hat sich Zen allein der ursprünglichen, Nenbutsu der existenziellen Persönlichkeit gewidmet.

Letztendlich sind aber beide gleich. Der Katholizismus ist dem Nenbutsu, der Schule des Reinen Landes, recht ähnlich. Ich habe mich mit beiden befasst und bin zu diesem Schluss gekommen. Was also den Austausch betrifft, der nun zwischen der östlichen und der westlichen Zivilisation stattfindet, so brauchen die heutigen Christen Nenbutsu nicht zu studieren. Durch das Studium des Zen jedoch werden sie den wahren Mahāyāna-Buddhismus verstehen. Für die Anfänger ist dieses Studium schwierig. Es ist nicht wissenschaftlich, und darum ist das Studium des traditionellen Zen für die westlichen Menschen ein gewisser Schock. Aber hinsichtlich des Austausches zwischen östlicher und westlicher Zivilisation ist das Studium des Zen von größter Wichtigkeit. Wenn Sie also über die Krise der heutigen Zivilisation hinausgehen wollen, müssen Sie Zen studieren.

Das nächste Zazen, heute Vormittag um zehn Uhr, wird das letzte dieses dritten Sesshin sein.

20. August, 10.00 Uhr

Jetzt können Sie zum letzten Mal Kyōsaku bekommen. Jeder sollte es empfangen. Es werden also viele Kyōsaku-Assistenten gebraucht ...
    Erst nachdem alle Kyōsaku bekommen haben, beginne ich mit dem Kusen.

Kusen
Das letzte Kusen. Ich hoffe nur, dass Sie alle weiterhin Zazen und Shikantaza praktizieren werden. Für diejenigen, die heute wegfahren, hoffe ich, dass sie im nächsten Jahr wieder zum Sommerlager kommen werden. Besonders diejenigen, die die Bodhisattva-Ordination empfangen haben, sollten versuchen, auch zu den anderen Sesshin zu kommen: nach Zürich, nach Namur, nach Marseille, Nancy, Wardrecques. Die Sesshin bei Marseille und Zürich finden an sehr schön gelegenen Orten statt. Dōkan ist sehr wichtig – die Wiederholung der Haltung, der Körperhaltung, des Verhaltens und der Zeremonie. Das ist kein Formalismus. Es ist körperliche Praxis.
    Das Sūtra *Hannya Shingyō* ... *«Shiki soku ze kū, kū soku ze shiki.»* Wir wiederholen es jeden Tag. *«Shiki soku ze kū* – Erscheinung ist Leerheit»* – Sie müssen das Kū in Shiki finden, die Leerheit in den Erscheinungen.
    Im Karma müssen Sie Kū finden, das Nicht-Numen, die Nicht-Substanz. Sie müssen Zazen im täglichen Leben weiterpraktizieren. Das ist Kū.

«*Kū soku ze shiki* – Leerheit ist Erscheinung» – Sie müssen Shiki in Kū finden.

Beim Zazen müssen Sie Ihr Karma beobachten.

Im Essens-Sūtra *Busshō Kapira*, das wir vor dem Frühstück rezitieren, heißt es, dass wir mit dem ersten Löffel alles schlechte Karma abschneiden. Mit dem zweiten Löffel schaffen wir alles gute Karma. Mit dem dritten Löffel erlösen wir die Menschheit ... Dieses Sūtra ist sehr lang, insbesondere für die Anfänger. Dafür, dass es nur eine Schale Genmai-Suppe gibt, aus Vollreis und ein wenig Gemüse, ist es wirklich sehr lang.

[Langes Schweigen.]

Hier beobachten Sie sich selbst. Wenn Sie wegfahren, werden Sie alles vergessen. Wirklich schade.

Während eines Sesshin haben Sie *Kū soku ze shiki* – und wenn Sie sich in Ihrem Familienleben beobachten, wird dieses Sesshin große Bedeutung für Sie haben, großen Wert.

Wir müssen also die Bedeutung von *Kū soku ze shiki, shiki soku ze kū* verstehen – dass es nämlich manchmal *Kū soku ze shiki* und manchmal *shiki soku ze kū* ist.

Im täglichen Leben, in *shiki*, müssen wir Zazen finden.

Beim Zazen, in *muga*, müssen wir unser Karma verstehen lernen.

Im täglichen Leben, in unserem Karma, müssen wir unser Muga, unser Nicht-Numen, verstehen lernen.

Muga ist Karma. Muga ist *Kū soku ze shiki*. Karma ist ebenso Muga, Nicht-Numen: *Shiki soku ze kū*. So befinden sich Muga, Zazen und Karma in Einheit. Nicht-Dualität. *Bonnō soku bodai.* Bonnō selbst ist Satori. Zazen ist Karma. Karma ist Zazen.

[Langes Schweigen.]

Meister Dōgens Zen ist nicht nur Zazen. Es bedeutet auch, sich all derjenigen Handlungen bewusst zu sein, die unser tägliches Leben ausmachen. So lehrte es Dōgen, und deshalb entwickelte sich das Sōtō-Zen mehr in Japan als in China oder in Indien. Auf diese Weise durchdringt Zen unser tägliches Leben, es beeinflusst die Art und Weise, wie wir auf die Toilette gehen, wie wir uns waschen, wie wir unseren Beruf ausüben, wie wir Auto fahren – denn Zen existiert überall.

Andererseits beobachtet man im japanischen Zen das eigene Karma nicht. Und im Christentum ist Karma nicht bekannt. Deshalb sprach ich zu Ihnen über das Karma. Die japanischen Zenbuddhisten berühren das Karmaproblem nicht, und die christlichen Religionen verstehen es nicht. Wenn sie also die Bedeutung von Karma verstanden haben, können Sie die Bedeutung von Mahāyāna und Zen verstehen. *Shiki soku ze kū, kū soku ze shiki.* Beides ist notwendig.

Innere Reflexion ist sehr wichtig. Zazen ist nicht einfach eine Art Gymnastik oder eine Methode, sich gesund zu erhalten. Beim Zazen müssen Sie Ihr Karma beobachten. Sie müssen über Ihre Fehler nachdenken – ich meine nicht Fehler im Sinn der Gesetze oder des Moralkodex. Praktizieren Sie weiter Zazen, betrachten Sie weiter Ihren eigenen Geist, und Sie werden Ihre Fehler verstehen und so Ihr tief verwurzeltes schlechtes Karma sehen. Reflektieren Sie tief über Ihre Sünden, Ihre Fehler, und Ihr objektives Ego wird Buddha oder Gott werden. Werden Sie Buddha/Gott, und Sie werden Ihr Karma tiefgründig verstehen. «Ich bin der schlechteste aller Menschen» – und in diesem Augenblick wird Ihr objektives Ego Gott.

Unser Karma verändert sich ständig. Karma ist die Grenze dieser Welt ohne Beständigkeit. Man kann dem Karma nicht entkommen. Es ist Menschen-Denken. (Oder ist es des Menschen Schwäche?) Das ist wahres Zazen. Betrachten Sie sich selbst objektiv, betrachten Sie das wirkliche Ego. Indem Sie Ihr Karma beobachten, entdecken Sie, wie man objektiv reflektiert.

Heute bewegt Madame ihre Hüfte nicht, obwohl die Zeit schon um ist. Nach dem Zazen gibt es noch ein Mondō. Danach wieder Zazen. Wir werden um die Mittagszeit fertig sein.

Wenn Sie sich tief konzentrieren, und sei es auch nur für einen Tag oder zwei, wird das sehr effektiv sein. Wenn Sie ein Jahr oder zehn Jahre weiterpraktizieren, allein, zu Hause, aber ohne Konzentration, wird Ihr Zazen wie abgestandenes Bier sein. Im Zazen ist es notwendig, immer voller Lebenskraft zu sein.

Mondō

Frage: Könnten Sie bitte die Pflichten bzw. die Rolle des Bodhisattvas im modernen Leben erläutern?

Meister: Das kann man nicht eingrenzen. Wenn ich erkläre, begrenze ich ... Es ist dies nicht eine Frage von Pflicht oder Rolle. Sie müssen den Bodhisattva in all den verschiedenen Dingen um Sie herum sehen. Sie müssen sich unmittelbar in die Schwierigkeiten hineinbegeben. Das ist hart. Aber so ist ein Bodhisattva. Helfen ... Verstehen Sie?

Frage: Können Angehörige des Militärs Zazen praktizieren?

Meister: Sicher. Soldaten töten nicht immer! Manche töten niemals. Sträflinge machen ebenfalls gutes Zazen. Zu Anfang, als ich Mönch in Japan war, besuchte ich regelmäßig Sträflinge. Ich sagte ihnen, dass sie die besten sind. Viel besser als die Leute draußen ...

Frage: Die Dualität von Leben und Tod – gibt es im Zen Harmonie jenseits von Leben und Tod?

Meister: Ja. Genau das lehre ich. Sie geben selbst eine gute Antwort.

4

Heute beginnt der vierte Teil des Sommerlagers und später das vierte Sesshin. Das letzte. Es sind ungefähr vierzig oder fünfzig Anfänger hier.

Was ist ein Sesshin? *Setsu* bedeutet «berühren», *shin* bedeutet «Geist». Den Geist berühren. Den Geist Gottes oder Buddhas berühren. Was ist der Geist Buddhas? Es ist die fundamentale kosmische Kraft. Es heißt also, die fundamentale kosmische Kraft berühren. Es bedeutet, der kosmischen Ordnung zu folgen.

Zazen ist ganz und gar Shikantaza. Shikantaza bedeutet Konzentration nur auf Zazen. Die Haltung ist dabei wichtig. Es ist nicht nur gewöhnliches Sitzen. Es ist die Natur, das Dasein selbst, es ist der Kosmos selbst. Ohne dass etwas vom Ego übrig bleibt. Geben Sie also Ihr Ego auf, geben Sie den Egoismus auf. Sie müssen Zazen mit dem Kosmos praktizieren. Der Buddha praktiziert Zazen. Gott ebenso. Während der Zazenpraxis sind Sie Buddha, sind Sie Gott. Aber währenddessen manifestiert sich auch das Karma jedes Einzelnen von Ihnen, es kommt an die Oberfläche. Einige hier wollen Kontemplation betreiben, andere wollen beobachten, andere wiederum wollen sich konzentrieren. Aber Sie dürfen sich nicht auf eines davon fixieren.

Wenn Ihr Unterbewusstsein erscheint, wird Ihre Haltung sicherlich zusammenbrechen. Halten Sie also nicht an solchen Gedanken fest. Beim Zazen müssen Sie Ihren ganzen Körper, Ihren gesamten Geist erziehen. Sie müssen dies vollständig tun. Sich Gott oder Buddha hinzugeben bedeutet, der kosmischen Ordnung zu folgen. Wenn Ihre Haltung korrekt ist, können Sie der kosmischen Ordnung folgen. Wenn Sie aber krank sind, wird Ihre Haltung nicht vollkommen sein, und Sie werden Schmerzen und Krankheit fühlen. Wenn Sie es nicht gewöhnt sind, und wenn Sie ein starkes Ego haben, werden Sie sich nicht mit der kosmischen Ordnung harmonisieren.

Für diejenigen, die mit Zazen beginnen: Konzentrieren Sie sich bitte auf die Haltung. Danach auf die Ausatmung. Kontrollieren Sie Ihre Atmung. Aber tatsächlich bedeutet «kontrollieren Sie Ihre Atmung» nicht, dass *Sie* Ihre Atmung kontrollieren sollen. Die Atmung kontrolliert sich selbst. Atmung ist subjektiv. Sie geschieht nicht durch Ihr Tun; sie wird weder vom Bewusstsein noch vom Ego gemacht. Atmung wird unbewusst vom Körper gemacht. Man kann sagen, dass unsere Atmung beim Zazen eine Handlung der Natur, eine Handlung des Kosmos ist. Der Grund für diese Atmung ist also ihr Rhythmus. Es ist der Rhythmus der fundamentalen kosmischen Kraft.

Kinn zurückziehen! Kinn zurückziehen!

Strecken Sie Ihre Wirbelsäule so gut wie möglich – besonders von der Hüfte an aufwärts. Und wenn Sie sich bewegen, müssen Sie zuerst die Hände zu Gasshō zusammenlegen. Wenn Sie die Regeln nicht befolgen, wird Ihnen der Kyōsaku-Mönch Kyōsaku geben.

Beim Zazen werden sicherlich Ihre Bonnō – Ihr Karma – erscheinen. Wie Wellen auf dem Meer. Manche Menschen haben große Wellen, andere haben ruhige Welten. Die Größe der Wellen hängt von der eigenen Gesundheit ab. Die Wellen erscheinen, und für einige von Ihnen ist es wie ein Sturm. Dann werden die Wellen aber wieder normal, und die Oberfläche des Wassers wird wie ein Spiegel. Aber zum Normalzustand zurückzukehren, ist sehr schwierig. Jeder hat Karma. Und wenn die Karmawinde wehen, schwellen die Wellen an. Und wenn Sie dieses Sesshin fortsetzen, werden Sie möglicherweise zum Normalzustand zurückkehren, und die Oberfläche des Wassers wird dann wie ein Spiegel werden. Wie auch immer, wenn Ihre Haltung korrekt ist, wird auch ihre Atmung korrekt sein; sie wird sich mit dem Kosmos harmonisieren. Dōgen sagte: «Ein rechter Körper, eine rechte Haltung, gerades Sitzen – das ist es, was die Atmung kontrolliert.»

Wir dürfen nicht unsere egoistischen Bedürfnisse befriedigen oder nach persönlicher Befriedigung suchen. Wenn Sie sich beim Zazen eine bestimmte Befriedigung vorstellen, haben Sie ein Ziel, das Sie erreichen wollen. Man darf aber beim Zazen nicht irgendwelchen Wirkungen oder Ergebnissen nachlaufen.

Nach einer halben Stunde Zazen machen wir Kinhin. Sicher haben Ihnen die älteren Schüler in der Einführung schon die richtige Methode, Zazen und Kinhin zu praktizieren, erklärt. Kinhin ist das Gleiche wie Zazen. Der Geist ist der Gleiche. Es ist Zazen im Gehen.

Wenn Sie die zwei Glockenschläge hören, die das Kinhin ankündigen, machen sie zuerst Gasshō. Dann legen Sie Ihre Hände, die Daumen in den Fäusten, auf die Knie und pendeln in immer größer werdenden Bewegungen sieben oder acht Mal nach links und rechts. Als nächstes atmen Sie tief aus und stehen auf, indem Sie sich mit Ihren Fäusten auf den Boden stützen. Wenn Sie Ihre Beine nicht gleich auseinanderfalten können, reiben Sie sie mit den Händen. Danach stehen Sie ruhig auf, gehen nach rechts um Ihr Zafu herum, machen Gasshō in Richtung zum Zafu (diese Geste gilt nicht dem Zafu selbst, sondern denjenigen, die in der Umgebung Zazen praktizieren) und bringen es durch Auflockern in seine Form zurück. Wenn Sie Schmerzen haben, strecken Sie beim Drücken auf das Zafu Ihre Knie. Dann lehnen Sie Ihr Zafu an die Wand und beginnen mit Kinhin.

[Das Glockenzeichen für Kinhin ertönt; alle stehen auf und beginnen mit Kinhin.]

Beim Kinhin ist die Haltung der Augen sehr wichtig. Sie müssen sie auf einen Punkt drei Meter vor Ihnen oder auf den unteren Teil des Rückens der Person vor Ihnen richten. Beim Kinhin dürfen Sie nicht die Gesichter der anderen anschauen.

[Die Glocke, die das Ende des Kinhin ankündigt, ertönt, und alle kehren zu ihren Plätzen zurück.]

Zazen ist das vollkommene Gegenteil von Tanzen. Tanzen ist ganz und gar eine Erscheinungsform unseres Karmas. Der Mensch will sich bewegen. In früheren Zeiten mussten sich die Menschen bei der Arbeit bewegen. Sie gingen zu Fuß, um Nahrung zu finden. Ohne Auto, ohne Zug. Von morgens bis abends waren sie in Bewegung, immer in Bewegung. Aber in der modernen Zivilisation bewegen sich die Menschen nicht so viel. Daher bewegen sie sich instinktiv nachts – sie gehen tanzen. Auch die Intellektuellen tanzen. Und wenn diese Intellektuellen tanzen, bewegen sie am meisten ihre Köpfe, die zu schwer sind. Im Santa Lucia[51] habe ich das genau beobachtet.

51 Damals ein Nachtclub in Val d'Isère.

Wenn ein Mensch tanzt, fühlt er nichts; er fühlt nicht einmal, wenn ihn jemand berührt. Beim Zazen können Sie jedoch alles fühlen – die Klänge der Natur, die Stimme des Flusses von Val d'Isère.

In früheren Zeiten konnte der Mensch zur Natur zurückkehren; er konnte zum Kosmos zurückkehren. Der moderne Mensch dagegen hat vergessen, wie er zurückkehren kann, er hat vergessen, wie er sich mit der Natur harmonisieren kann. Tatsächlich sind die Menschen nicht mehr in der Lage, der kosmischen Ordnung zu folgen. Deshalb ist Zazen absolut notwendig. Ein Sesshin ist absolut notwendig. Sie müssen der kosmischen Ordnung folgen. Geben Sie das Ego auf. Dann werden Sie in der Lage sein, der kosmischen Ordnung zu folgen, automatisch, unbewusst und natürlich. Und so werden Sie die fundamentale kosmische Kraft entdecken.

Die Anfänger sind sehr frisch. Aber diejenigen, die schon die fünfte Woche hier sind, sind nicht mehr ganz so frisch. Während ihrer Freizeit gehen sie tanzen. Wenn Sie nachts zu oft tanzen gehen, können Sie den Zeitplan nicht mehr einhalten. Sie können Dōkan nicht mehr folgen. Heute Morgen vergaßen die für das Wecken Verantwortlichen, die Glocke zu schlagen. Und so blieben alle im Bett und schliefen. Außer mir: Ich war als Erster auf. Also musste ich die Glocke schlagen. Die Schüler, die alle vier Sesshin hier bleiben, müssen ein Beispiel für die Anfänger sein. Aber so, wie es ist, verdienen die meisten Verantwortlichen eine kräftige Portion Rensaku. Ich sollte eigentlich allen meinen Schülern Rensaku geben. Aber es sind zu viele; es würde mich nur ermüden. Also gehen Sie bitte in sich – bis zum Ende dieses Sesshin. Wer nicht in sich gehen kann, dem werde ich Rensaku geben.

[Jemandem ist schlecht geworden, und der Kyōsaku-Mönch hilft ihm aus dem Dōjō.]

Einige der Anfänger finden die Atmosphäre hier zu streng – die Schwachen und Kranken. Diejenigen, deren Körper und Geist sich nicht im Normalzustand befindet, bekommen sicher einen großen Schock, da Shikantaza sehr kraftvoll ist. Diejenigen, deren Ego zu stark ist, können nicht in den Kosmos eingehen, und deshalb fallen sie um.

Bis zum Ende des dritten Sesshin sprach ich über Karma. Wenn Sie ein Mal stehlen, wiederholt sich das erzeugte Karma bald, und Sie stehlen wieder, zwei Mal, drei Mal, und so weiter. Das erste Mal ist der Diebstahl nicht so bedeutend, und es bemerkt vielleicht nicht mal jemand. Aber dann wird es mehr und mehr, und Sie wandern ins Gefängnis, und wenn Sie wieder auf freiem Fuß sind, bringen Sie jemanden um. Das ist die Manifestation von Karma. Wie schneiden Sie es ab?

Während der Zeit, die wir nun schon hier praktizieren, hat jemand hier, der Zazen praktiziert, gestohlen. Er hat bis jetzt drei Mal gestohlen. Ich weiß auch, wer es ist. Ich weiß es genau – durch Intuition. Es ist keiner der Anfänger, sondern einer der älteren, die die ganze Zeit über hier sind. Da jedoch außer mir niemand weiß, wer es ist, werde ich seinen Namen nicht nennen. Ich behalte seinen Namen für mich, weil ich ihn respektiere. Heute wurden aber wieder hundertfünfzig Francs gestohlen. Nicht aus dem gleichen Zimmer wie das letzte Mal, sondern aus dem gegenüberliegenden. Er geht in die Zimmer und stiehlt. Keine großen Summen. Hundert Francs hier, zweihundert dort. Während des dritten Sesshin stahl er zweihundert Francs aus der Bar. Und es ist immer der Gleiche. Er stiehlt immer um die gleiche Zeit – wenn ein Sesshin vorbei ist und die Leute abreisen. Es ist kindisch. Er hat bis morgen Abend Zeit zu gestehen. Gesteht er nicht, werfe ich ihn hinaus. Wenn er jedoch gesteht, bleibt es ein Geheimnis – ich sage den anderen nicht, wer es ist. Ich werde ihn beschützen. Wenn es notwendig ist, gebe ich ihm Geld. Wenn er gesteht, wird sein Karma beendet. Und später wird er in der Lage sein, es ganz abzuschneiden.

Ich weiß durch Intuition, wer es ist. Ich weiß es, wenn ich ihn von hinten anschaue, wenn ich seine Haltung beim Zazen betrachte. Es ist nicht gut, während eines Sesshin, während einer Periode intensiver Zazenpraxis, zu stehlen. Es ist sogar das Schlimmste. Wenn Sie es im Club Mediterrané oder im Santa Lucia tun – schlimm genug. Aber dies hier ist kein Hotel. Dies ist ein heiliger Ort! Ein frommer Ort!

Er kann also morgen nachmittag während des Zazen zu mir kommen. Er kann zwischen vier und fünf Uhr kommen. Er kann in mein Zimmer kommen – ich werde da sein. Bitte. Damit ich ihn umarmen kann. Damit ich ihm Geld geben kann.[52]

Heute Morgen sprach ich darüber, dass die Zazenhaltung selbst Gott oder Buddha ist. Und dass sie ebenso die Natur und der Kosmos selbst ist. Der Mensch ist ebenso Teil des Daseins wie die Sonne oder die Gestirne im Kosmos. Jemand, der einen Schnupfen bekommt oder die schwarzen Flecken, die auf der Sonne erscheinen – sie unterscheiden sich nicht. Sie sind von der gleichen Art – wie Pilze auf dem Erdboden.

Zazen ist eine Naturgegebenheit; es ist jenseits der Natur des Menschen.

Beim Zazen ist willentliches Handeln untersagt. Das Rinzai-Zen, wo man beim Zazen an Kōan arbeiten muss, irrt sich in diesem Punkt völlig. Kōan sind wie Spiele. Intellektuelle Spiele. Das ist kein wahres Zazen. Es ist zwar bestimmt interessant, zu denken: «Was ist Mu?», oder: «Was waren meine Gedanken, bevor ich geboren wurde?» Aber das ist unmöglich zu lösen. Sie können ein Kōan niemals lösen. «Was ist Tonton[53]?» Im Japanischen bedeutet *tonton* «Schweinefleisch». Wenn ein Schüler also antwortet, «Tonton» bedeute «Onkel», so sagt der Meister: «Nein, nein, nein, ‹Tonton› heißt ‹Schweinefleisch›!» …

In dieser Welt rennen die Intellektuellen hinter falschen Wahrheiten her – falschen Wahrheiten, die niemand außer ihnen versteht. Der Intellektuelle schafft eine Kategorie, von der er behauptet, sie sei die Wahrheit. Aber das ist seine eigene, persönliche Wahrheit. Er hat sie selbst geschaffen. Er hat eine Vorstellung und sagt: «Das ist die Wahrheit. Das ist Satori. So ist Satori.» Das ist aber *sein* Satori. Das ist Tonton-Satori. Aber es ist nicht die Wahrheit. Wir dürfen uns Satori nicht einbilden. Solche Menschen sind nur auf ihre eigene Befriedigung aus, auf ihre eigenen, persönlichen Bedürfnisse. Es ist das Gleiche, wie wenn man auf Sex aus ist oder auf ein Beefsteak.

52 Um drei Uhr wurde der Meister ungeduldig und ging selbst, statt bis vier Uhr in seinem Zimmer zu warten, in das Zimmer des Diebs. Er gestand und bat gleichzeitig um die Ordination als Bodhisattva. Der Meister war natürlich glücklich und gewährte ihm diesen Wunsch.
53 Französisch: «Onkel».

Jemand, der sein eigenes Satori findet, ganz allein, findet nur Selbstbefriedigung. Man darf beim Zazen aber keine Selbstbefriedigung praktizieren. Man muss das völlig aufgeben und sich so mit der kosmischen Ordnung harmonisieren. Das ist wahres Zazen.

Für die Menschen gibt es Zufälle; im Kosmos gibt es keine. Für die Menschen gibt es Erfolg oder Misserfolg; in der Natur, im Kosmos, gibt es das nicht – keinen Erfolg, keinen Misserfolg, kein Glücklichsein oder Unglücklichsein. Die Menschen selbst haben die Kategorien «gut» und «schlecht» erschaffen, Erfolg und Misserfolg, Glück und Unglück. Ist man aber einmal in Einheit mit dem Kosmos, gibt es keinen Erfolg oder Misserfolg. Für die Berge, Flüsse, Pflanzen und Bäume gibt es keinen Erfolg und keinen Misserfolg. Sogar wenn der Mensch einen Baum fällt, wird der Baum nicht traurig. Der Baum kennt kein Glücklich- oder Unglücklichsein. Er folgt ganz einfach der kosmischen Ordnung. Die Menschen glauben, dass es richtig sei, das Böse zu hassen. Aber hassen – das ist es, was böse ist. Berge, Flüsse, Pflanzen und Bäume hassen nicht. Sie haben keinen Geist, mit dem sie hassen könnten.

Im Kosmos gibt es nichts Übernatürliches, nichts Seltsames, nichts Bizarres. Aber die Menschen kennen des Kosmos nicht, wissen nichts über ihn. Deshalb finden sie manche Dinge wunderbar, merkwürdig und eigenartig.

24. August, 16.00 Uhr

Nicht bewegen! Nicht bewegen! Wer sich bewegen will, muss zuerst Gasshō machen. Diejenigen, die sich ständig bewegen, sollten in den hinteren Reihen sitzen, damit sie die anderen nicht stören. Oder draußen. Viele kratzen sich ständig – wie Affen. Andere massieren sich. Es ist die Aufgabe des Kyōsaku-Assistenten, Haltungen zu korrigieren und denjenigen Kyōsaku zu geben, die sich bewegen, ohne zuvor Gasshō zu machen.

Dieser Kyōsaku-Mönch muss verrückt sein – er korrigiert die falschen Leute! [Zu dem anderen:] Gib dem Mann da in Weiß Rensaku. Zehn Mal auf beide Schultern. Wer Rensaku bekommt, muss nachdenken: «Warum habe ich Rensaku bekommen?»

Während meiner langen Zazenerfahrung habe ich bemerkt, dass diejenigen, die neben jemandem sitzen, der Kyōsaku bekommt, sich bewegen. Deshalb darf man nicht überstürzt Kyōsaku geben. Kyōsaku ist höchst wirkungsvoll für diejenigen, die es nicht wollen. Am wichtigsten ist es aber, denjenigen Kyōsaku zu geben, die sich ständig bewegen.

Nicht bewegen! Der Kyōsaku-Assistent muss Ausschau halten, muss beobachten. Er muss sehen, wer sich bewegt, wer stört. Der Kyōsaku-Assistent ist keine Marionette. Er ist aber auch kein Hundefänger. Er muss spüren, wessen Geist sich bewegt. Er muss den Geist beobachten. Diejenigen, die Zazen praktizieren, sind keine Hunde.

Kinn zurückziehen! Wirbelsäule strecken! Das sind die zwei wichtigsten Punkte der Haltung. Manche lehnen sich nach links, andere nach rechts. Einige ziehen ihre Schultern nach oben, andere nach unten. Sie sind nicht im Gleichgewicht. Der Kyōsaku-Mönch muss die Schultern derjenigen, die zu sehr angespannt sind, mit den Händen nach unten drücken.

Die zwei Zustände Konchin und Sanran sind beide schlecht. Der eine ist zu schlaff, der andere zu erregt. In Konchin ist der Geist träge und finster, ganz finster. Das Kinn fällt nach unten, die Daumen fallen nach unten, die Wirbelsäule ist gekrümmt. Das ist Konchin. Sanran, das Gegenteil, bedeutet, dass Sie zu angespannt sind. Wer sich in Sanran befindet, bewegt seine Augen und schaut nach den anderen. Der Kopf bewegt sich, die Hände bewegen sich. Die Schultern sind zu angespannt. All dies muss korrigiert werden. Aber wenn das nicht genügt, muss der Kyōsaku-Assistent Kyōsaku geben.

Diejenigen hier, die in einen dieser beiden Zustände geraten und sich nicht selbst korrigieren können, müssen um das Kyōsaku bitten. Aber dieser Wunsch sollte nicht zu einer Mode werden, Sie sollten ihn nicht nur deshalb äußern, weil Ihr Nachbar es tut. Und allein aus Diplomatie heraus auch nicht.

Hat jemand die richtige Haltung, beeinflusst er alle anderen, den ganzen Kosmos. Hat jemand eine schlechte Haltung, beeinflusst er ebenfalls alle anderen, den ganzen Kosmos.

24. August, 21.00 Uhr

Kusen
Freiheit – Was ist Freiheit? Ich weiß es nicht. Ist es Freiheit, seinem Ego zu folgen, seinen Bedürfnissen? Freiheit bedeutet, der kosmischen Ordnung zu folgen. Das ist ein großes Kōan.

Wenn wir uns vor dem Tod fürchten, sind wir nicht frei. Aber folgen Sie der kosmischen Ordnung, dann besteht keine Notwendigkeit mehr, den Tod zu fürchten. Wenn wir frei sind von der Angst vor dem Tod, sind wir völlig frei. Unser Leben ist nichts als Schaum auf dem Strom des kosmischen Bewusstseins.

Es besteht kein Grund, Selbstmord zu begehen. Das ist Schwäche. Wir müssen für die Ewigkeit leben.

25. August, 16.30 Uhr

[Der Meister wendet sich an einen der Kyōsaku-Assistenten:] Hör auf, Kyōsaku zu geben. Du bist nicht stark und überhaupt nicht effektiv. Bleib besser still stehen wie eine Modepuppe.

Nach dem Glockenzeichen darf sich niemand mehr bewegen. Sie dürfen auch nicht gähnen. Aber wenn Sie es tun, dann legen Sie vorher die Hand vor den Mund. Wenn Sie beim Zazen gähnen, bedeutet das, dass Sie zu angespannt sind.

Zu Beginn des Zazen pendeln Sie zuerst sieben oder acht Mal nach links und rechts, atmen tief ein und aus und lassen dann Ihren Atem langsam, ganz langsam, ein- und ausströmen.

[Der Meister wendet sich an einen der erfahrenen Mönche:] Alain, hilf du den anderen beim Kyōsaku-Geben. [Der Mönch nimmt gemäß dem traditionellen Zeremoniell das Kyōsaku von seinem Platz vor der Buddhastatue und schließt sich den anderen an.]

Wenn der Kyōsaku-Mönch während des Kusen sieht, dass es nötig ist, jemandem Kyōsaku zu geben, so kann er das tun. Aber denjenigen, die darum bitten, darf er es jetzt nicht geben. Die Initiative muss von ihm ausgehen.

25. August, 21.00 Uhr

(Der Meister wendet sich an einen der sitzenden Mönche:) Michel, du bist der *Godō*[54] hier. Hilf den anderen beim Kyōsaku-Geben.

In einem wahren Dōjō ist der Godō der Erzieher der Schüler. Der Godō hat nach dem Leiter des Tempels die wichtigste Stellung. Er sitzt links neben dem hinteren Eingang des Dōjō und direkt gegenüber dem Meister (der am anderen Ende des Dōjō rechts vom Haupteingang sitzt). Der Godō muss die anderen während ihres Zazen und im täglichen Leben beobachten – jeden Einzelnen von Ihnen –, sodass er weiß, wem er Kyōsaku geben muss. Hier ist nicht der Club Méditerrané.

[Zu einem der Assistenten:] Kein guter Schlag! Du hörst besser auf und stehst still.

Wenn der Kyōsaku-Mönch Fehler macht, ist das ganz und gar nicht gut, da seine Fehler einen Einfluss haben. Wer von jemandem Kyōsaku bekommt, der Fehler macht, wird ebenfalls Fehler im Zen machen.

Nicht bewegen! Nicht bewegen!

Kusen

Das Wichtigste im Zen ist, sich hier und jetzt zu konzentrieren. Konzentrieren Sie sich beim Zazen und beim Kusen auf Shikantaza, konzentrieren Sie sich auf das Kusen. Wenn Sie aus dem Bad steigen, sind die Kusen nicht so wichtig. In diesem Moment ist es wichtiger, saubere Unterwäsche anzuziehen. Wenn Sie morgens aufwachen, sind die Kusen auch nicht so wichtig, wichtiger ist, dass Sie zuerst Ihre Hose anziehen ... Und jetzt, worauf sollen wir uns konzentrieren? Wenn wir uns hier und jetzt konzentrieren, wenn wir uns auf diesen Punkt konzentrieren, wird unsere Konzentration wie eine fortgesetzte geometrische Linie, und auf diese Weise wird unser ganzes Leben konzentriert. Wenn jedoch das Hier und Jetzt leer ist, wird unser Leben gleichfalls leer sein; und wenn wir dann schließlich den Sarg betreten – allein –, wird unser Sarg auch leer sein.

54 Wörtl. «derjenige, der hinten im Dōjō sitzt», der für die Erziehung der anderen verantwortliche Mönch.

Zu Beginn von Sōsans *Shinjinmei* heißt es, dass der höchste Weg nicht schwierig ist – wir dürfen nur nicht auswählen. Wir müssen das Auswählen vermeiden.

Was ist gut? Was ist schlecht? Die Menschen sagen gern, es sei gut, das Schlechte zu hassen. Aber eigentlich ist es der Geist, die Einstellung, des Hasses selbst, die schlecht ist. Berge, Flüsse und Bäume haben keinen Geist, mit dem sie hassen könnten. Ich sage immer: Im Kosmos gibt es keine Wunder, keine Mysterien, nicht irgendetwas sonst. Da aber die Menschen den Kosmos nicht kennen, sehen sie Wunder.

Mein Meister Kōdō Sawaki wiederholte immer Meister Daichis Worte: Wenn wir Leben und Tod, wenn wir die Unbeständigkeit von Leben und Tod abschneiden wollen, ist Shikantaza die beste Methode, es ist der höchste Weg.

Zazen ist die Praxis des Sitzens mit dem Gesicht zur Wand, ruhig, ohne den Körper zu bewegen, ohne mit dem Mund zu sprechen, ohne mit dem Bewusstsein Gutes oder Schlechtes zu denken; es ist friedliches Sitzen auf dem Zafu an einem stillen Ort. Zazen ist nur das. Shikantaza. Daran ist nichts Seltsames, nichts Wunderliches. Und es gibt dafür keine außergewöhnlichen, besonderen Gründe. Das Verdienst jedoch, das aus Shikantaza entspringt, ist unendlich. Also lassen Sie bitte die Zeit nicht leer vergehen, verschwenden Sie die Zeit nicht.

Jetzt werde ich für Sie das *Fukanzazengi* rezitieren. In den japanischen Tempeln rezitieren wir jeden Abend gemeinsam diesen Text. Da Sie es aber nicht kennen, werde ich es allein tun. Das *Fukanzazengi*, von Meister Dōgen im Jahr 1223 geschrieben, besteht aus allgemeinen Regeln, die die Zazenpraxis betreffen.

Konzentrieren Sie sich nur auf Ihr Zazen. Wir brauchen uns nicht auf irgendetwas anderes zu konzentrieren.

26. August, 7.30 Uhr

Manche bohren beim Zazen immer in der Nase. Und dann spielen sie mit dem Popel. Das können Sie nach dem Zazen tun. Oder Sie machen zuerst Gasshō und benutzen dann ein Taschentuch. Aber stochern Sie nicht mit dem Finger in der Nase. Der Kyōsaku-Mönch muss auf solche Dinge achten. Er ist nicht nur zum Kyōsaku-Geben da. Er muss auch erziehen. Und sehen, ob das Kinn zurückgezogen ist und die Wirbelsäule die richtige Spannung aufweist.

Diejenigen, die Schmerzen haben und sich ständig bewegen: Korrigieren Sie Ihre Position auf dem Zafu. Es ist vielleicht zu der einen oder anderen Seite hin verschoben. Ihre Hüfte muss über der Mitte des Zafu sein, der Körper ist leicht nach vorn geneigt. Drücken Sie das Zafu mit dem Steißbein, nicht mit dem After. Der After muss nach oben zeigen.

«Geht nicht», denken die Schüler.

«Durch den Geist möglich», antwortet der Meister.

Das Steißbein, ein kleiner Knochen, der sich am unteren Ende der Wirbelsäule in der Gegend der Sexualorgane befindet, ist ein sehr wichtiger Punkt, ein Energiepunkt, der auch in der Akupunktur bekannt ist. Wenn Sie also diesen Punkt auf Ihr Zafu drücken, ist es sehr effektiv und ausgezeichnet für die Gesundheit. Es ist wie eine einstündige Selbstmassage. [Das Zazen dauert eine Stunde.] Wenn aber Ihre Hüfte zusammensackt, ist es überhaupt nicht effektiv. Sie müssen also die Hüfte strecken. [Zum Kyōsaku-Assistenten:] Die Methode, eine zusammengesackte Hüfte zu korrigieren, ist ein Druck in den Rücken, ins Kreuz, das nach innen gewölbt sein soll. Manchmal drücke ich auf diesen Punkt mit dem Kyōsaku.

Während des Kusen ist die Art und Weise, wie man sitzt, sehr wichtig. Die Haltung, die Atmung und die Geisteshaltung: Dies wird *Kuden* genannt – mündliche Überlieferung, geheim, von Meister zu Schüler.

26. August, 21.00 Uhr

Kusen

Im Christentum ist das Gebet zu Gott sehr wichtig. Im Zen gibt es das sogenannte *Kito*. «Kito» bedeutet Gnade oder Zeremonie, es bedeutet aber nicht Gebet zu Gott. Während eines Sesshin mache ich auch ein kleines *Kito*. Während der *Hannya-Shingyō*-Rezitation nach dem Zazen öffne ich das große Sūtra-Buch mit dem mystischen Sūtra namens *Rishukyō* (Sūtra bzw. Tantra der Lobpreisung des Sex, der Lobpreisung des Urinstinkts des Menschen). Ich öffne es und bewege

143

es hin und her, sodass es wie ein Fächer aussieht. Das ist aber weder für Gott noch für Buddha. Es ist für die Menschen – für ihre persönliche Gesundheit usw. Es ist eine Zeremonie von niederer Dimension und nicht wesentlich. Es ist die Erscheinungsseite des Weisheits-Sūtras *Hannyakyō*.

Als Kind wunderte ich mich immer, warum Gott nie auf unsere Gebete antwortet. Ich stellte dem Geistlichen sogar die Frage: «Warum antwortet Gott nicht auf Gebete?»

«Gottes Antwort ist Schweigen», antwortete der Priester.

Ich war beeindruckt. Dieser Priester war sehr klug. Aber klug oder nicht, dies ist keine Antwort; das stellte ich später fest. Der heilige Augustin sagte, das Gebet sei eine Konversation mit Gott. Wenn es also eine Konversation ist, ist es nicht Schweigen, dann muss es eine Antwort geben. In den Zenmondō kann die Antwort des Meisters manchmal Schweigen sein – das ist jedoch in sich eine persönliche Antwort. Der Meister schweigt, und dennoch gibt er eine Antwort. Aber mit Gott verhält es sich nicht so.

Letztendlich beantwortet Gott die Gebete wohl. Und das ist dann das, was man Kommunion nennt, wie Sie wissen. Die Dreieinigkeit Gott Vater, Sohn und Heiliger Geist. Letztendlich kommunizieren wir mit dieser Dreieinigkeit. Wir haben vollkommene Einheit mit Gott oder Christus. Aber das ist Verdienst, das ist die Auswirkung des Gebets. Es ist keine Antwort, sondern einfach Verdienst, Auswirkung.

Meister Eckehart, er war wohl Dominikaner, nicht? Sie wissen mehr über ihn als ich. Wie auch immer, er war ein deutscher Philosoph, und er schrieb viele Bücher. Er lebte 1260–1329, also ungefähr zur gleichen Zeit wie Dōgen. Eckehart hatte eine mystische Erfahrung. Er sagte, wenn Sie zu Gott beten, wenn Sie Gott suchen, so wird Gott Ihnen antworten: «Du bist mein Sohn.» Das ist die intimste Antwort Gottes und die Geburt dieser Kindschaft. Gott im Himmel antwortet also seinem Sohn. In der Antwort tritt der Heilige Geist in den Sohn ein, und in diesem Augenblick sind sie in Einheit, in Kommunion.

Im Zen können wir durch die Zazenpraxis, durch den Körper, direkt mit der fundamentalen kosmischen Kraft kommunizieren.

Diese Annäherung ist rationaler, wissenschaftlicher, sie ist ganz und gar nicht mysteriös. Sie ist gleichwohl jenseits der Wissenschaft. Praktizieren Sie also Zazen, und Sie können zum Sohn werden. Das ist nicht kompliziert.

Die europäischen Philosophien und Religionen vernachlässigen den Körper. Er wird als unwichtig angesehen. Allein der Geist ist wichtig. Das gilt eigentlich für alle Religionen. Zu viel Spiritualität. Zu viele Vorstellungen des Gehirns. Deshalb gibt es die Einbildungskraft, das Mysteriöse. Und so entstehen Wunder. Wunder entstehen aus Unwissenheit. In der kosmischen Ordnung gibt es keine Wunder.

Und nun kommt der Papst zu mir und möchte Zazen benutzen. Ich soll ihn im September in Italien aufsuchen und mit ihm von Kloster zu Kloster fahren, Vorträge halten und die christlichen Mönche in Zazen unterweisen. Sehr clever.

Zazen selbst, die Haltung selbst, ist Gott, ist Buddha. Zazen selbst ist der Sohn. Es ist nicht notwendig, darüber komplizierte Philosophien zu konstruieren. Christus selbst und seine Lehre waren nicht so kompliziert, denke ich. Sie war vielmehr sehr einfach. Erst später wurde sie kompliziert. Die Philosophie wurde kompliziert. Die Theologie wurde kompliziert.

Die Theologie spielt nur mit Idealen; sie ist Vorstellung ohne Praxis. Das ist Verschwendung von Zeit und Energie.

Kinhin!

[Nach dem Glockenzeichen stehen alle auf, stellen ihr Zafu an die Wand und beginnen mit Kinhin.]

Strecken Sie den Nacken, strecken Sie die Knie ...

Fast alle hier haben jetzt eine gute Haltung. Sehr würdevoll. Besser als Buddha, besser als Gott.

[Ein Glockenzeichen beendet das Kinhin, und alle kehren zu ihren Plätzen zurück.]

Schnell, beeilen Sie sich. Diejenigen, die am Fenster sitzen, setzen sich immer als letzte hin.

Es wird noch ein Kyōsaku-Assistent gebraucht. Michel, du machst das. Du musst die anderen beiden erziehen.

Nicht bewegen! Nach dem Glockenzeichen dürfen Sie sich nicht mehr bewegen. Einige hier bewegen ständig ihren Kopf – wie Spielzeughunde.

Nacken strecken. Das ist sehr wichtig. Kinn zurückziehen.

Die mystische Erfahrung des Christentums ist verschieden von der Zazenerfahrung. Die mystische Erfahrung ist Einbildung. Sie trennt Geist und Körper. Der Körper wird als unrein angesehen, und so flieht der Geist, der rein werden möchte, aus dem Körper. Und mit seinem reinen Geist kann die Kommunion, die Einheit zwischen Gott, dem Heiligen Geist und dem Sohn zustande kommen. Das ist Einbildung. Wird der Körper vernachlässigt, wird alles zum Traum. Nur ein Traum. Aus diesem Grund sind die Religionen kraftlos geworden.

Zazen ist das Gegenteil. Die Haltung – es ist die Haltung, die uns zurückbringt zur Realität. Kinn zurückziehen!

Drücken Sie mit den Sexualorganen auf das Zafu, drücken Sie den Himmel mit dem Kopf. Auf diese Weise können wir unbewusst, automatisch und natürlich eins werden mit Gott, mit der fundamentalen kosmischen Kraft.

Die Rinzai-Meister der modernen Zeit stellen gerne Vergleiche an zwischen Zen und den mystischen Erfahrungen Eckeharts. Eckehart stand dem Zen recht nah. Er schrieb, man solle das Ego aufgeben. Und über das Rinzai-Kenshō heißt es: Man muss die Buddhanatur – Kenshō, das wahre Ich – im eigenen Geist finden. Das steht dem Katholizismus recht nah. Rinzai und der Katholizismus verstehen sich daher recht gut. Rinzai- und Sōtō-Zen sind jedoch nicht das Gleiche. Sōtō-Zen ist Mushotoku – ohne Zweck. Es darf beim Zazen kein Ziel geben. Konzentrieren Sie sich nur auf Ihre Haltung. Das ist sehr schwierig für den Körper.

Wenn wir zu Gott beten, wenn wir das Gebet verrichten, nehmen wir eine Haltung ein. Wie ist unsere Haltung, wenn wir zu Gott beten? Und was tun wir dabei mit unserem Bewusstsein? Jetzt wird es kompliziert.

Der Neoplatonismus, von dem Eckehart beeinflusst war, vernachlässigte den Körper. Und aus diesem Denken, aus dieser Haltung, entstand der Mystizismus. Durch das Gebet zu Gott entflieht der Mystiker dem Körper, um in die Welt der Seele einzutreten – wo er dann mit Gott, mit dem absoluten Sein kommunizieren kann.

Obwohl Eckehart von den mystisch geprägten Neoplatonikern beeinflusst war, vernachlässigte er den Körper aber nicht unbedingt. Im Gegensatz zu Descartes war er nicht der Ansicht, dass die Seele den Körper verlässt. In Eckeharts Philosophie gibt es keine Dualität zwischen Körper und Geist. Man muss jenseits der Dualität, jenseits des Gegensatzes von Körper und Geist sein, schrieb er. Alle Existenzen bilden eine Einheit. Und dann spricht er von der universellen Liebe, die, wie er sagt, selbstlos ist. Dies steht dem Zen sehr nah. Das ist dem Mushotoku ähnlich.

27. August, 7.30 Uhr

Kusen
Die höchste Haltung für ein Gebet zu Gott ist Zazen. Im Christentum ist das Gebet zu Gott Konversation mit Gott. Wenn wir hier mit Gott zu sprechen wünschen, nehmen wir die Gasshō-Haltung ein. Und wir wünschen etwas, hoffen auf etwas. Das hat aber ein Ziel. Es ist nicht Mushotoku.

Die Hände sind beim Zazen nicht in Gasshō, sondern in der *Hōkai-jō'in*-Position: unter dem Nabel, vor dem Kikaitanden. Der Kosmos tritt in das Kikaitanden ein, und es entsteht vollkommene Kommunikation mit der fundamentalen kosmischen Kraft.

Für Gott ist Konversation nicht notwendig. Und für Sie auch nicht. Es ist für Sie nicht notwendig, ihn um irgendetwas zu bitten. Es gibt keine Dualität zwischen Gott und Mensch. Wenn man in Harmonie ist mit der kosmischen Ordnung, wird man selbst Gott.

Beim Zazen beten wir nicht; wir wünschen nichts von Gott. Zazen selbst wird Gott. Das ist die absolut schweigsame Konversation beim Zazen.

Eckehart sagte, Gottes Antwort während eines Gebetes ist das Werk des Sohnes. Ein wenig kompliziert, diese Antwort. Beim Zazen befinden sich Gott und Zazen in Einheit – dies ist Gottes Antwort, während man Zazen praktiziert. Gott durchdringt Zazen. *Hōkai-jō'in* – das ist das Gleiche.

Die Wirkung des Zazen ist unendlich – unendliches Verdienst. Schließlich *muss* das Verdienst Gottes unendlich sein. Wenn es begrenzt ist, ist es nicht Gott.

29. August, 7.00 Uhr

[Erster Tag des vierten Sesshin.]
Beim Zazen sage ich immer: Mushotoku. Mushotoku-Geist. Es gibt nichts zu erreichen. Beim Zazen gibt es kein Ziel. Wenn es eines gibt, wenn Sie ein Ziel haben, machen Sie einen großen Fehler. Zazen bedeutet, alles aufzugeben – sogar unsere Philosophie.

Jemand hier, ein Arzt, verließ eben das Sesshin. Er stand während der Zazenpraxis auf und sagte: «Zazen gibt mir nichts!» Dann ging er hinaus.

Dieser Mann hat das wahre Mushotoku bestätigt: dass man von Zen tatsächlich nichts bekommen kann. Wenn Sie doch etwas erhalten, dann ist es nicht wahres Zen, kein wahres Sōtō-Zen.
[Langes Schweigen.]

Im alten Indien nach Buddhas Zeit hat einmal ein Buddhist Zen analysiert und es in vier Schritte oder Stadien zerlegt. Diese Schritte sind aber nur Schritte auf dem Weg zu Satori. Sie sind nicht notwendig. Bodhidharma und Dōgen brauchten keine Schritte. Das Zazen eines Anfängers und dessen, der lange Zeit praktiziert, ist das Gleiche, denn Zazen praktizieren bedeutet an sich Satori.

Für die Anfänger gibt es dennoch diese vier Schritte. Aber beim Zazen dürfen wir nicht an solche Dinge denken. «Jetzt befinde ich mich im zweiten Stadium ... Und jetzt bin ich im dritten.» Und das mit einem breiten Lächeln auf dem Gesicht – wie Verrückte. «Ich habe alles aufgegeben, ich befinde mich jetzt im letzten Stadium. Bestimmt habe ich Satori erreicht.» Alles unwahr.

Ich sage immer: automatisch, unbewusst, natürlich. Wir sollen uns nur auf unsere Haltung konzentrieren. Dann können wir den Heiligen Geist, den Körper-Geist erreichen – automatisch, natürlich, unbewusst.

Die meisten hier befinden sich im ersten Stadium. Alles, was sie wollen, ist Freude. Nach einigen schmerzhaften Zazenstunden rennen sie schnell ins Santa Lucia und kaufen Whisky. Sie bekommen Satori, springen auf die Tanzfläche und fangen an, herumzuhüpfen.

Wie auch immer, unser Geist wird friedlich beim Zazen, und die wahre Freude erscheint. Das ist das erste Stadium. Es ist wie Ekstase.

Im zweiten Stadium verschwindet unser Wille, unser Bewusstsein und unsere Klugheit, und wir werden bis auf den Grund unseres Körpers von Freude durchdrungen. Wir sind Mushotoku. Aber immer noch träumen wir davon, ins Santa Lucia tanzen zu gehen.

Im dritten Stadium wird unser Geist vom Körper aufgesogen. Die Neuronen des Gehirns sind nicht mehr müde und das Gehirn wird ganz rein. Das Denken und die Vorstellungen sind aufgegeben, und das notwendige Denken geschieht durch Intuition.

(Was mich betrifft, ich denke nicht. Überhaupt nicht. Auf diese Weise kommen immer neue Gedanken hervor. Ich will nicht selber denken, aber die Gedanken kommen trotzdem, und so erscheint Weisheit. Automatisch, unbewusst, natürlich.)

Im vierten Stadium ist es nicht mehr notwendig, glücklich zu sein. Glück ist keine wahre Reinheit. In diesem Stadium geben wir das Anhaften auf, wir geben alles auf, und so bleibt nur die Reinheit. Das ist wahres Mushotoku. Das ist Satori.

Wenn beim Zazen die Gedanken zum Stillstand kommen, wird der Geist zum Körper. Das ist ein wichtiger Punkt. Die meisten Menschen jedoch – die Philosophen, die Intellektuellen und die Heranwachsenden – glauben das Gegenteil, nämlich, dass der Körper zum Geist wird. Diese Menschen, und besonders die Jugendlichen, nehmen auf ihrer Suche nach Vergnügen, Befriedigung und Freude diese über den Körper ins Gehirn auf. So wird der Körper zum Geist. Wir machen unsere Erfahrungen mit dem Körper – auf der Tanzfläche, beim Drogenkonsum, beim Whiskytrinken oder beim Sex. Das ist die heutige Zivilisation. Tanzologie, Drogologie, Philosophie, Psychologie – alle sind sie so. Aber in einer wahren Religion, insbesondere im Zazen, ist es umgekehrt.

Wenn wir die Zazenpraxis fortsetzen, können wir schließlich die wahre Freiheit des Geistes erreichen. Wahre Freiheit, die nicht durch etwas außerhalb entsteht ... Nachdem Christus von morgens bis abends zu Gott gebetet hatte, fand er den Heiligen Geist – in seinem Geist. Er fand die höchste Zufriedenheit, die höchste Freude. Er war jenseits der Freude. Er war Mushotoku. Ohne irgendetwas. Der Geist wird gänzlich vom Körper aufgenommen. Das Denken kommt zu einem Ende, und allein das kosmische Denken durchdringt den Körper.

Der Heilige Geist trat in den Geist Christi ein. Und es gab nur die Welt Gottes ... Ebenso beim Zazen; wenn wir die Stimme des Tales von Val d'Isère hören, durchdringt diese Stimme den Körper ganz und gar, und es bleibt nur diese Stimme des Tales. Der Geist ist Nichts. Diese Stimme ist wie die Stimme Gottes. Das Grün der Berge wird zum reinen Geist Gottes, zum reinen Geist Buddhas.

Wahre Religion hat weder mit Einbildung noch mit Gehirn-Denken zu tun.

Im Oktober muss ich nach Italien fahren, ich soll von Kloster zu Kloster reisen und den Papst im Vatikan treffen. Also bereite ich mich jetzt auf diesen Besuch vor.

Erfahrung durch den Körper ist sehr wichtig. Es ist der Körper, mit dem wir zu Gott beten. Protestant oder Katholik, Meditation ohne Gebet zu Gott mit dem Körper hat keine Gültigkeit. Wie ist unsere Haltung, mit der wir zu Gott beten? Und wie war die von Christus? Wie war seine Haltung? Seine Atmung? Wie war sein Bewusstsein? Wie war sein Denken?

Auch Christus gab schließlich alles auf. Er war ohne Anhaftung. Schließlich hatte er Gott gegenüber kein Ziel. Jegliche Vorstellung, alle Philosophie, alle Produkte des Denkens, jegliche Kommunikation mit Gott waren in Christi Körper eingegangen, tief im Körper absorbiert. Letztlich war es die fundamentale kosmische Kraft, die in den Körper Christi eintrat. Es war der Heilige Geist.

Der Heilige Geist wird nicht «erzeugt». Er hat keinen Anfang noch wird er von unserem Geist erschaffen. Wenn unser Geist leer ist, tritt der Heilige Geist ein, tritt die fundamentale kosmische Kraft ein. Von Geist zu Körper. Geist zu Körper.

Selbstverständlich, wenn wir glauben, dass der ganze Kosmos Gott ist, wenn wir denken, dass der ganze Kosmos Buddhas Erleuchtung ist, wenn dies unser Glaube ist, so wird dieser Glaube tiefer und tiefer, und das Licht Gottes, die Erleuchtung Buddhas, wird unseren Körper und unseren Geist bis auf den Grund durchdringen.

Durch die Zazenpraxis wird diese kosmische Energie, die sich in alle Welten ausdehnt, unsere ganze Persönlichkeit durchdringen. Das Licht Gottes, die Erleuchtung Buddhas, die unseren Geist und Körper durchdringt, füllt unendlich und ewig den ganzen Kosmos.

Diese wechselseitige Abhängigkeit, die zwischen der fundamentalen kosmischen Kraft und dem Selbst besteht, zwischen Gott und mir, wird größer, weiter und tiefer; und deshalb muss unser religiöses Leben mehr und mehr entwickelt werden.

Der Weg, die Wahrheit, Christentum, Buddhalehre – alle Religionen sind letztendlich das Gleiche, denke ich. Steigen Sie auf einen Berg, und Sie können von seinem Gipfel den Weg und die Wahrheit sehen, Sie können alle Wege sehen, Sie können das Leben sehen.

«Ich bin der Weg, die Wahrheit und das Leben.»

Mondō

Jetzt können diejenigen, die etwas bekommen wollen, Fragen stellen. Die Neuen hier, die etwas bekommen wollen, kommen Sie ruhig näher!

Frage: Sensei, Sie erwähnten die vier Stadien. Ist man innerhalb dieser vier Stadien beweglich oder nicht? Wenn sich jemand zum Beispiel im dritten Stadium befindet, verbleibt er dort, oder kann er zum vierten aufsteigen oder möglicherweise ins erste zurückfallen?

Meister: Freilich. Das ist nicht wie ein Fahrstuhl!

Im Zen sind viele Klassifikationen um diese Stadien entstanden. Das bekannteste ist «Naraka-Zen». Wenn Sie Schmerzen haben, befinden Sie sich in Naraka, der «Hölle». Wie die Anfänger. Wie der Arzt, der heute ging. Er war sicherlich in Naraka. Wir schüttelten uns die Hände, als er ging. Ich gab ihm eine Kalligrafie und sagte, er solle weiter Zazen praktizieren. Er war sehr glücklich, aber dennoch war er in Naraka.

Nach Naraka-Zen gibt es «Gaki-Zen». Wer sich im Gaki-Zen befindet, sucht begierig nach etwas. [Der Meister mimt einen Gierigen.] «Gaki» bedeutet «Appetit», «Gier». In diesem Stadium versucht man immer, etwas zu bekommen, sogar vom Zen. Wie der Arzt: Als er feststellte, dass er nichts bekommt, stand er während des Zazen auf und ging hinaus.

Dann gibt es das «Tier-Zen». In diesem Stadium denkt man ständig an Sex. Man starrt auf den Hintern der Frau, die vor einem sitzt ... [Der Meister mimt einen Sexbesessenen – allgemeines Lachen, wie bei fast jeder schauspielerischen Einlage dieser Art.]

Einmal sagte ein Junge zu mir: «Immer wenn ich in der Nähe einer Frau sitze, fühle ich mein Glied. Und manchmal ejakuliere ich dabei sogar. All das ist für mich sehr schwierig. Wie kann ich es anhalten?»

«Sehr einfach», antwortete ich. «Setzen Sie sich einfach nicht neben Frauen.»

«Asura-Zen» ist Wetteifer-Zen. [Der Meister mimt einen Ehrgeizling.] «Ich bin besser. Meine Haltung ist perfekt!» Sogar während der Mahlzeiten kommt der in Asura Gefangene nicht los von diesem Denken: «Ich möchte auch am Tisch mit den älteren Schülern sitzen.» Und das Gleiche im Dōjō. Besonders eine Frau verdrängt immer andere, damit sie näher bei «Sensei» ist. Sie schubst Philippe, sie schubst Anne-Marie, und schließlich – schubst sie mich zur Tür hinaus ...

Im «Ekstase-Zen» ist das Zazen ruhig, der Geist ist friedlich und freudig. Wer sich in diesem Stadium befindet, verlangt niemals Kyōsaku, und manchmal lächelt er. [Der Meister macht eine entsprechend komische Mimik.] Oder er weint. Insbesondere bei Frauen tritt das auf. Ich sehe sie genau. Es ist Ihr Unterbewusstsein, das in Erscheinung tritt.

Dann gibt es das «dogmatische Stadium». «Ich habe Satori. Perfektes Satori!» [Der Meister mimt auch dies.] «Ich habe Satori. Die anderen sind verrückt.» Aber Bodhisattvas sind anders.

Schließlich gibt es das «persönliche Zen». Das ist das Zen des Menschen.

Die zehnte Stufe ist die des Bodhisattvas und Buddhas. Sie wird «Shōbōgengaku» genannt.

Die ersten sechs Stadien sind nicht so gut. Die darauf folgenden vier sind Stadien der Weisheit – der gewöhnlichen Menschen und der Weisen.

Es gibt viele verschiedene Stufen und Klassifikationen. Jedoch der Bodhisattva- und der Buddhazustand stellen die Rückkehr zum normalen Zustand dar. Zum vollkommen normalen Zustand.

Frage: Meine Frage ging eigentlich dahin: Gibt es eine Veränderung im einzelnen Menschen, einen Übergang von einem Stadium zum nächsten?

Meister: Erfahren Sie das denn nicht selbst? Sogar ich erfahre es. Wenn ich beim Zazen Pipi machen möchte, setze ich mich auf meine Harnröhre und versuche, geduldig zu sein. Das ist Naraka. Buddha selbst erfuhr Naraka in Gestalt von Frauen, als er unter dem Bodhibaum Zazen praktizierte. Er sah in seinen Halluzinationen viele schöne Frauen, die zu ihm kamen und ihn in Versuchung führten. Aus dieser Erfahrung Buddhas stammt das Kegonsūtra. Das Kegonsūtra ist sehr interessant, da es alle Zustände des Zazen beschreibt.

Jeder Tag ist anders. Jeder Augenblick ist anders. Wenn das Zazen beginnt, sind wir in guter Verfassung; dann haben wir Schmerzen; danach geraten wir in Ekstase.

Auch ich habe im Zazen überhaupt keine Fortschritte gemacht. Ich wurde sogar schlechter. Am Anfang war ich der Beste. Anfangs war ich völlig konzentriert. Ich vergaß alles, und meine Zazenpraxis war vollkommen rein. Aber heutzutage bin ich viel schlauer. Wenn ich jetzt beim Zazen schlafe, falle ich nicht um wie früher. Als ich einmal ein Vierzig-Tage-Sesshin mitmachte – ohne zu schlafen, nicht einmal nachts – benutzten wir einen speziellen Stock mit einem abgerundeten Ende – wie diesen hier etwa –, um das Kinn abzustützen. Aber jetzt bin ich sehr viel schlauer, und wenn ich schlafe, bemerkt es nicht einmal Anne-Marie, die neben mir sitzt. Der einzige Unterschied, wenn ich schlafe, ist der, dass ich nicht Kyōsaku gebe und kein Kusen halte. Aber Sie dürfen nicht denken, dass ich jedes Mal schlafe, wenn ich nicht rede. Und Sie dürfen auch keine Angst haben, dass ich die Zeit vergesse. Wenn die Zeit gekommen ist, bin ich sehr exakt. Wie auch immer, es ist natürlich nicht gut, beim Zazen zu schlafen.

Jeder durchläuft viele verschiedene Stadien. Trotzdem dürfen Sie Ihr erstes Zazen nicht vergessen, Ihre Anfängerzeit – Dōgen sagte das schon. Am Anfang sind Sie vollkommen konzentriert. Am Anfang vergessen Sie alles. Und so praktizieren Sie das wahre Satori-Zazen.

Einmal hatte ich ein großes Problem: Ich musste Pipi machen, und um die Harnröhre abzuklemmen, drückte ich fest darauf. Damals erlebte ich ein Rinzai-Kenshō – ich wurde bewusstlos. Das ist Rinzai-Satori: bewusstlos werden.

Als Rinzai noch Schüler war, ging er eines Tages zu Meister Ōbaku, um ihm eine Frage zu stellen. Dieses Mondō wurde später sehr berühmt. Rinzai fragte Ōbaku: «Was ist die Essenz des Zen?» Der Meister schlug seinen Schüler sehr hart mit dem Kyōsaku. Rinzai kehrte in sein Zimmer zurück und fand dort mehrere alte Schüler, die auf ihn warteten: «Warum bist du zurückgekommen?», fragte einer von ihnen. «Du musst wieder hingehen und deine Frage wiederholen.»

Rinzai kehrte also zurück, wiederholte seine Frage, und bekam weitere fünfzig Schläge mit dem Kyōsaku. Wie beim Football.

In heutiger Zeit ist es das Gleiche – viel Theater. Die Zazenpraxis wird eine, zwei oder drei Wochen ohne ausreichende Nahrung durchgezogen. Und auf diese Weise treten natürlich psychische Effekte in Ihrem Bewusstsein auf. Ihr Gehirn wird schwach und anormal, und so können Sie leicht bewusstlos werden. In diesem Zustand des Bewusstseins – der nicht der normale ist – erfahren Sie viele Bonnō, viele Erscheinungen. Sie sehen Buddha und die Dämonen.

Schließlich vergessen Sie Ihren Körper und befinden sich im vollkommenen Paradies. «Jetzt haben Sie Satori», sagt dann der Meister. Das ist aber kein Satori. Es ist bloß eine psychologische Krankheit, eine Zenkrankheit.

Im wirklich wahren Zen werden Sie von etwas aufgeweckt. Wenn Sie viele Schwierigkeiten durchmachen und geduldig bleiben, verändert sich manchmal Ihr Geist.

Dōgen erlitt auch einmal einen großen Schock. Meister Nyojō war sehr erzürnt über den Mönch, der neben Dōgen saß – der Mönch schlief –, und Nyojō schlug ihn hart und schrie ihn laut an: «*Shinjin datsuraku!*» – «(Beim Zazen sind) Geist und Körper fallen gelassen!» Dōgen, der so etwas noch nie erlebt hatte, zitterte. Er war erschrocken und erstaunt. In diesem Augenblick hatte er ein Satori.

Dōgen «erlangte» kein Satori, und er «wollte» kein Satori. Was geschah, war eine völlige Umwandlung seines Körpers und seines Geistes. Eine große innere Revolution. Nach dem Zazen besuchte

Dōgen den Meister in dessen Zimmer. Er machte Sanpai. «Heute habe ich vollkommen verstanden. Körper und Geist ganz und gar fallen lassen. *Shinjin datsuraku.*»

Nyojō antwortete mit der Umkehrung: «*Datsuraku shinjin!*» – «Dann lass fallen Geist und Körper!»

In diesem Augenblick bestätigte der Meister, dass die Richtung, die Entwicklung von Dōgens Zazen, richtig war.

Die Bedeutung von Nyojōs «*Datsuraku shinjin*» war, Dōgen mitzuteilen, dass er seine Praxis fortsetzen müsse, dass er immer tiefer gehen müsse, niemals anhalten, für den Rest seines Lebens.

Dies ist auch nichts weiter als ein Stadium. Der Zustand des Satori ist nicht einfach ein Augenblick, ist nicht einmalig. Diejenigen von Ihnen, die von mir persönlich Kyōsaku bekommen haben: Wenn Sie in diesem Augenblick einen großen Schock in Ihrem Geist erlebten, haben Sie sich verändert, sind Sie erwacht. Das ist Satori.

Im Sōtō-Zen bedeutet Satori, zum Normalzustand zurückzukehren. Mein Meister Kōdō Sawaki pflegte immer Folgendes zu sagen: Satori ist die Veränderung, die in unseren Gedanken geschieht. Alle Menschen sind dogmatisch, alle Menschen haben ihre eigenen, persönlichen Ego-Gedanken, und so empfindet man in dem Moment, in dem man zum Normalzustand zurückkehrt, alles als schockierend, findet man alles verkehrt. Das ist Satori.

Frage: Sensei, ein in Amerika bekannter Zenmeister, Philip Kapleau, schreibt in einem Buch, dass es fortschreitende Stufen zum Satori gäbe. Wie denken Sie darüber?

Meister: Wer war sein Meister?

Antwort: Meister Y.

Meister: Die Schüler von Meisters Y. sind überhaupt nicht authentisch. Ich kenne Meister Y. und habe oft mit ihm diskutiert. Er irrt sich ganz und gar. Er wurde aus der Gemeinschaft des Sōtō-Zen ausgeschlossen, und so wandte er sich vom Sōtō ab und schloss sich dem Rinzai an. Anschließend vermischte er beides. Er ist weder ein Sōtō-Mönch, noch ist er ein wahrer Rinzai-Mönch. Er ist ein bisschen verrückt. [Der Meister klopft sich an den Kopf.] So werden seine Schüler auch ein wenig verrückt. Wenn Sie Dōgens Zen folgen, müssen Sie Dōgens Zen folgen. Wenn Sie dem Rinzai-Zen folgen, müssen Sie diesem folgen. Er aber erfand ein Sōtō-Rinzai-Zen. Ich könnte so etwas auch tun. Aber ich folge exakt Dōgens Zen. Ganz und gar exakt.

Dōgen sagte nie, man müsse Satori erreichen. Wegen der Geschichte mit Nyojōs «*Shinjin datsuraku*», die ich gerade erzählt habe, behauptet die Rinzai-Schule, Dōgen habe in diesem Augenblick Satori erlangt. Dōgen sagte so etwas jedoch nie. Er sagte niemals noch schrieb er jemals: «In diesem Augenblick hatte ich Satori.» Die Verrückten können nicht verstehen, dass sie verrückt sind, da das Verrücktsein nicht bewusst beobachtbar oder nachweisbar ist. Satori kann ebenso wenig bewusst beobachtet oder erfahren werden. Noch kann es subjektiv bestätigt werden. Deshalb sind diejenigen, die subjektiv und bewusst denken, sie hätten Satori erfahren, eigentlich verrückt. Wie dem auch sei, Dōgen sagte immer, dass Zazen selbst Satori ist.

Aber Y. macht genau diesen Fehler. «Sie müssen Satori erreichen», sagt er immer. Und deshalb wurde er vom Tempel Eiheiji und aus dem Sōtō-Zen generell ausgeschlossen. Also knüpfte er Kontakte nach Amerika.

Für die Amerikaner ist Zen sehr kompliziert geworden. Es gibt dort Sōtō-Zen, Rinzai-Zen, Alan-Watts-Zen, Y.-Zen, und alle werden sie verbreitet.

[Der Meister wendet sich an den Herausgeber dieses Buches:] Philippe, wie ist der Name von Y.s Schüler? Baker?

Antwort: Nein, nein. Philip Kapleau. Er schrieb ein Buch, das in den USA sehr bekannt ist, *Die drei Pfeiler des Zen*.

Meister: Ach ja, dieses. Ein einziger Irrtum, dieses Buch. Wer gab Kapleau die Bestätigung?

Antwort: Meister Y. vermutlich. Wie Sie sagen, sie praktizieren wohl eine Art Mischung von Rinzai und Sōtō im Norden New Yorks.

Meister: So etwas ist in Japan verpönt. Ich kann wohl auch tun, was ich will. Wenn ich wollte, könnte ich alle meine Schüler auf der Stelle zu Meistern machen. Ich könnte ihnen meine Bestätigung geben, und genau in diesem Augenblick würden sie alle große Meister werden. Weil ich nämlich exakt in der traditionellen Linie der Meister und Vorfahren stehe. Der leitende Abt des Sōtō-Zen weiß, dass mein Zen authentisch und exakt ist, er hat es bestätigt. Und auch Kōdō Sawaki hat es bestätigt.

Aber so wie die Dinge jetzt in den USA stehen, mit den vielen Arten von irrigem Zen dort (zum Beispiel dieses Alan-Watts-Zen, ein Pseudo-Zen), ist amerikanisches Zen kompliziert geworden. Es ist irriges Zen.

Philippe, du musst Ōkubo-Dōshū lesen. Kennst du ihn?

Antwort: Ja, ich habe ihn gelesen.

Meister: Dann versteht du. Du hast Glück. Diejenigen Amerikaner, die wie du meine Schüler wurden, können verstehen. Du allein kannst wirklich verstehen.

In den Vereinigten Staaten befinden sich die Zenlehren in Verwirrung. Es ist schwierig, dort wahres Zen zu verstehen. Aber es gibt wohl auch wahre Meister dort, die keine Fehler machen. Zum Beispiel Rinzai-Meister N., der ein Dōjō in New York hat, macht keine Fehler.

Frage: Sensei, wie denken Sie über Shunryū Suzuki-Rōshi von San Franzisko und über seinen Nachfolger Baker?

Meister: Ah, ja. Das ist korrektes Sōtō-Zen. Aber Suzuki starb früh. Und da er wenig Kontakt hielt mit den Haupttempeln in Japan, konnte er Baker nicht persönlich und offiziell den Auftrag geben, die Lehre zu verbreiten. Er blieb in Amerika und vernachlässigte ein bisschen seine Bindungen – dadurch wurde die Situation dort ein wenig heikel. Und deshalb sieht sich Baker auch von den Sōtō-Haupttempeln abgeschnitten.

Jedenfalls ist es für die Amerikaner sehr schwierig. Die Situation in Amerika ist sehr kompliziert. Das macht es auch Baker nicht leicht.

29. August, 16.00 Uhr

Kusen

Nicht bewegen, nicht bewegen! Wenn der Körper sich bewegt, bewegt sich auch der Geist.

Wenn der Geist sich bewegt, so bitten Sie um das Kyōsaku, und Sie werden in der Lage sein, die Bewegung des Geistes anzuhalten. Sie können es ausprobieren. Wenn der Geist sich bewegt, bewegt sich der Körper – unbewusst. Diejenigen, deren Geist sich bewegen möchte, deren Geist nicht mehr sitzen bleiben möchte, sind diejenigen, die auf das Ende des Zazen warten.

Tanzende zu beobachten – im Santa Lucia zum Beispiel –, ist sehr interessant. Der Geist bewegt sich, der Körper folgt. Der Körper folgt ganz und gar dem Geist. Tanzen ist nicht Körperbewegung; es ist Bewegung des Geistes. Es fängt mit dem Geist an, nicht mit dem Körper. Tanzen ist ein Ausdruck des Geistes. Deshalb kann man beim Tanzen seinen Körper nicht selbst beobachten. Man kann sein wahres Gesicht nicht betrachten.

Beim Zazen können wir unseren Geist beobachten. Wir können unser Gesicht kontrollieren. Wir können unseren Körper kontrollieren. Während des Schlafes wird die Körperbewegung angehalten. Der Körper hat während des Schlafes keine Spannung, und deshalb bewegt er sich nicht. Beim Zazen ist er dagegen vollkommen aufmerksam und lebendig, aber er bewegt sich dennoch nicht, weil der Körper hier den Geist kontrolliert.

Christi Kommunion mit Gott war fast das Gleiche wie Buddhas Satori unter dem Bodhibaum. Fast das Gleiche. Die fundamentale kosmische Kraft trat in den Körper Christi ein – als der Heilige Geist. Der Buddha hatte aufgrund seines früheren asketischen Lebens die Nichtigkeit des Körpers erfahren. Aber durch die kontinuierliche Zazenpraxis unter dem Bodhibaum – neun Tage lang – erwachte sein Körper. Er war nicht Nichts. Am neunten Tag, in der Morgendämmerung, schaute der Buddha zu dem hell scheinenden Morgenstern auf, und sein Körper wurde erweckt: «Ich bin ein Punkt in der kosmischen Ordnung.» Es gibt alles Dasein, es gibt alle Dharmas, aber sie sind die Verwirklichung des gesamten Kosmos. Buddha erwachte zur fundamentalen kosmischen Kraft. Er wurde er selbst – er wurde zur Verwirklichung des Kosmos.

Nicht bewegen, nicht bewegen! Bewegt sich der Körper, so bewegt sich auch der Geist. Ich frage diejenigen, die sich bewegen: Was bewegt sich? Der Geist? Oder der Körper? Das ist ein Kōan. Ihre Schmerzen werden sich mit diesem Kōan auflösen.

Chūkai![55]

55 Nach dieser Anweisung bringen die Assistenten das Kyōsaku in zeremo-

Sobald ich mich bewege, bewegen sich andere auch. Wie Ratten in einem dunklen Raum.

[Nach dem Kinhin setzt der Meister seine Unterweisung fort.]

Ich besitze ein von Kōdō Sawaki handgeschriebenes Gedicht, das ich sehr in Ehren halte. Es ist ein Gedicht des großen Meisters Jiun. Jiun war zwar Shingon-Mönch, aber trotzdem praktizierte er jeden Tag Zazen. Er praktizierte immer Zazen.

Bewegt sich der Geist, so bewegen sich auch
der Berg, der Fluss und die große Erde.
Bewegt sich der Geist nicht, so bewegen sich auch nicht
die Vögel, die Tiere, der pfeifende Wind
und die dahinziehenden Wolken.
Sind wir Mushin, so sind wir
im höchsten Glück, im ewigen Leben.
Denken wir zu viel, ist unser Geist nicht konzentriert,
so entsteht Krankheit und Leiden.
Sind wir in Frieden mit der Erde, dem Himmel
und dem ganzen Kosmos,
so leben wir tausend Herbste
und zehntausend Frühlinge.

Mein Meister Kōdō Sawaki mochte dieses Gedicht sehr, und er behielt es bis zu seinem Tod bei sich. Ich mag es auch sehr gern. Dieses Gedicht ist für mich bis heute ein großes Kōan.

In der heutigen Zivilisation sind die Menschen immer in Bewegung. Aber in diesem Augenblick befinden sich hier in diesem Dōjō mehr als zweihundert Menschen, die bewegungslos sitzen. So etwas ist in der heutigen Zeit völlig unüblich. Zweihundert Menschen, die eine Woche, die vier Wochen lang bewegungslos in Zazen sitzen. Auch die Kinder, die manchmal mit uns Zazen praktizieren, werden ganz ruhig. Der Hund wird auch ruhig. Und das gegen Ende des zwanzigsten Jahrhunderts – es ist ein großes Rätsel.

nieller Form zu seinem Platz vor der Buddhastatue zurück. Danach beenden zwei Glockenschläge das Zazen, und das Kinhin beginnt.

Wenn sich der Körper nicht bewegt, bewegt sich auch der Geist nicht. Schauen Sie weder auf diejenigen, die Sie mögen, noch auf jene, die Sie nicht mögen, und Ihr Geist wird sich nicht bewegen. Hören Sie nicht auf den Lärm eines Autos oder des Donners, und Ihr Geist wird sich nicht bewegen. Berühren Sie nicht, und Ihr Geist bewegt sich nicht. So steht es im *Hannya Shingyō*.

Wenn wir im täglichen Leben handeln müssen, so müssen wir selbstverständlich handeln. Wenn Sie nach diesem Sesshin die Zazen-praxis fortsetzen, so können Sie die Gewohnheit entwickeln, Ihre Handlungen und dadurch wiederum Ihren Geist zu kontrollieren. Und so können Sie frei und ruhig werden, selbst wenn Sie in Bewegung sind.

Kinhin!

Strecken Sie die Knie!

Jetzt Massage![56]

[Nach der Massage kehren alle zu ihren Plätzen zurück.]

Konzentrieren Sie sich. Wenn Sie sich nicht konzentrieren, hängen wir noch dreißig Minuten Zazen dran. Wenn Sie sich aber konzentrieren und eine gute Haltung haben, verkürze ich die Zeit.

Nach der Massage ist Ihr Körper verändert – Sie können diese Veränderung spüren –, und so ist es jetzt einfacher, Zazen zu praktizieren. Ihr Gehirn ist nicht mehr kompliziert, das Denken ist weg, der Körper ist leicht. Einige hier befinden sich sogar in einem Zustand von Ekstase. Ekstase ist aber nicht Satori!

29. August, 21.30 Uhr

Kusen

Beim Zazen können wir zum Heiligen Geist werden. Aber ist das Zazen einmal vorbei, stellen alle ihren Heiligen Geist zur Schau – durch ihr Verhalten, ihre zeremonielle Haltung, ihre Sprache. Das ist Bonnō-Geist. Wenn das Zazen einmal vorbei ist, kehren alle schnell zu ihrem Bonnō-Geist zurück.

56 Ab und zu unterweist der Meister seine Schüler während eines Sesshin in speziell auf Zazen abgestimmten Massagetechniken.

Intellektuelles Verständnis ist natürlich notwendig. Aber dann muss es durch unser Handeln verwirklicht werden. Intellektuelles Wissen geht vom Vorderhirn aus: «Ja, ich verstehe. Ich weiß.» Dieses Verstehen in die Praxis umzusetzen, ist jedoch etwas anderes. Und das vergessen wir einfach.

Die Theologie, die ethischen Lehren und die Sūtras waren schon immer kompliziert und abstrakt, und deshalb ist es schwierig, sie in die Praxis umzusetzen. Was die christlichen Religionen heutzutage brauchen, ist eine praktische Theologie. Ich hoffe also, dass durch lebendige religiöse Erfahrung eine neue theologische Praxis entsteht. Keine alte Praxis – eine neue.

Shikantaza, die vollkommene Konzentration beim Zazen, wurde von allen Meistern der Überlieferung praktiziert und tiefgründig erforscht. Und die Überlieferung dieser religiösen Erfahrung ist im Zen von größter Wichtigkeit. Trotzdem ist natürlich die Erfahrung jedes einzelnen Meisters eine andere.

Zazen und Samu[57] sind beide sehr wichtig. Ich selbst mag Samu und würde es gern mit Ihnen zusammen machen. Aber während eines Sesshin ist das schwierig. Was gibt es zu tun? Die Toilette sauber machen? Manchmal tue ich es – das ist ein gutes Samu für mich.

Ich bin vom Leben Christi beeindruckt. Während der ungefähr dreißig Jahre seines Lebens hielt er sehr wenige Reden. Und die Erziehung, die er seinen Schülern gab, dauerte nur drei Jahre. Christus lebte den größten Teil seines Lebens als Zimmermann. Mit mir ist es genauso: Ich war bis zu meinem fünfzigsten Lebensjahr Geschäftsmann, ich bin zutiefst beeindruckt von Christus. Das meiste aus der Bibel habe ich vergessen, aber ich kann mich an das letzte Abendmahl erinnern. Christus wusch die Füße seiner Schüler. «So wie ich es jetzt für euch tue», sagte er zu ihnen, «so sollt ihr es in Zukunft tun – meinem Beispiel folgend.»

Aber die religiösen Menschen von heute vergessen das.

Ich würde gern S.s Füße waschen. Aber sie sind zu groß. Auch E.s Füße sind sehr groß. Ich gebe meinen Schülern auch gern Massagen. Als ich in Paris ankam, gab ich von morgens bis abends Massa-

57 Körperliche Arbeit als Bestandteil der Zenpraxis.

gen.⁵⁸ Es war aber sehr anstrengend. Vor allem die Beine der Frauen sind für gewöhnlich sehr kräftig ...

[Nach dem Glockenzeichen beginnt das Kinhin. Am Ende, als alle zu ihren Plätzen zurückkehren:] Alle hier versuchen, Zeit zu schinden und so das Zazen zu verkürzen. Sie laufen langsam zu ihrem Platz und sie betrachten beim Laufen die anderen. Und dann warten sie, bis sich alle hingesetzt haben, damit sie sich als Letzte hinsetzen können.

Theologie ohne Praxis ist leer. Theologie ohne Gebet – ohne zweckfreies Gebet – ist leer.

Im Oktober, wenn ich die christlichen Klöster in Italien besuche, werde ich den Mönchen erklären, dass Zazen der höchste Zweck ist. Mushotoku. Etwas von Gott zu verlangen oder zu erwarten, ist nicht notwendig. Die Kommunikation mit Gott muss unbewusst, automatisch und natürlich geschehen.

Zazen zu praktizieren, ist besser, als den Reden zuzuhören, die die Theologen halten. Thomas von Aquin, der große Theologe des Mittelalters, wusste um die Grenzen der Theologie. «Durch die Theologie können wir Gott nicht verstehen», sagte er einmal. «Durch die Theologie können wir nur verstehen, was Gott nicht ist.» Thomas von Aquin verstand. Durch seine eigene, persönliche religiöse Erfahrung verstand er, dass Gott jenseits der menschlichen Intelligenz ist. Genauso ist es mit Zen. Abstrakte Begriffe können keine lebendige Erfahrung vermitteln. Abstrakte Begriffe können nicht erziehen.

Das Wichtigste ist, zu praktizieren – selbst zu praktizieren. Die Theologie der Zukunft wird damit übereinstimmen. Denn selbst wenn man die Theologie versteht, ist sie ohne Praxis wirkungslos.

Zazen ist die höchste Form des Gebets.

Kaijō!

---

58 Um mit der Bevölkerung von Paris in Kontakt zu kommen und auch, um seinen Lebensunterhalt zu bestreiten, gab der Meister, als er 1967 nach Frankreich kam, Massagen. Ähnlich wie Eka, der zweite Vorfahre, der, nachdem ihm Bodhidharma die Nachfolge übertragen hatte, zunächst Metzger, dann Straßenkehrer wurde.

Um die Zeit anzuzeiger., schlagen wir das Kaijō. Zehn Schläge bedeuten zehn Uhr. Nach dem Kaijō am Morgen wird das Metall in der Küche geschlagen. Dann kündigt ein Glockenschlag das Ende des Zazen an.

30. August, 7.00 Uhr

Einige Leute hier haben eine armselige Haltung. Besonders die Anfänger aus Deutschland. Die richtige Haltung ist sehr wichtig. Ich erlaube nicht, dass Leute Zazen praktizieren, indem sie im japanischen Stil auf den Fersen sitzen oder in der Yogahaltung, mit den Händen auf den Knien. Sie müssen im Lotos oder Halblotos sitzen.

Ich begrüße besonders auch die Neuen aus Deutschland.[59] Und diejenigen, die keine der hier üblichen Sprachen verstehen – versuchen Sie bitte trotzdem Ihr Bestes.

Als ich heute Morgen ohne das Glöckchen ins Dōjō kam, saßen viele noch nicht auf ihren Plätzen. Das ist kein exaktes Zen. Es ist nicht notwendig, auf mich zu warten, gleichgültig, wann ich komme.

Dieses Sesshin dauert nur noch heute und morgen Vormittag. Es wäre eigentlich notwendig, ein Sesshin von einer Woche Dauer zu machen. Aber wegen der vielen Anfänger, die immer kommen, habe ich es so eingerichtet, dass der erste Teil der Woche der Vorbereitung gewidmet ist. Meine Zenerziehung ist sehr sanft. Wahres traditionelles Zen ist viel strenger.

Wer die Dōjōregeln nicht befolgt, muss aber draußen sitzen. Wer in der Yogahaltung sitzt, wer nicht im Lotos oder Halblotos sitzen kann, wer nicht die richtige Körperhaltung einnehmen kann, der muss außerhalb des Dōjō sitzen. Und wenn der Meister morgens vor dem ersten Zazen hinter Ihnen vorgeiht[60], müssen Sie Gasshō machen. Wenn ich hinter Ihnen vorbeigehe, mache ich auch Gasshō – obwohl der Meister in den japanischen Tempeln dies nicht tun

---

59 Weil es diesmal besonders viele Teilnehmer aus Deutschland waren, wurden die Kusen nicht nur simultan ins Französische, sondern auch ins Deutsche übersetzt.

60 Jap. *Kentan*: Der Meister beobachtet die Anwesenden, prüft ihre Haltung und Kleidung und schaut, ob jemand krank ist oder fehlt, usw.

muss. Aber ich tue es – für Sie. Einige hier machen nicht Gasshō. Aber sie müssen seine Bedeutung verstehen, und sie müssen es tun. Sie verstehen es sogar, aber sie wollen es nicht tun. Das ist das Schlimmste. Diese Leute müssen Kyōsaku bekommen – und dann hinaus. Im Zen muss man das Ego aufgeben. Man muss die Anhaftung aufgeben. Man muss sich mit der kosmischen Ordnung harmonisieren.

Nicht bewegen! Ein junger Mann aus Deutschland bewegt sich ständig. Vielleicht versteht er kein Englisch. Oder kein Französisch. Wäre er auf Draht, hätte er inzwischen verstanden, denn jedes Mal, wenn er sich beim letzten Zazen bewegte, sagte ich «pas bouger, pas bouger». Sogar ich verstehe so viel Französisch.

Wenn die Atmosphäre in Dōjō nicht gut, nicht exakt ist, machen viele Leute Fehler, viele begehen Irrtümer. Deshalb sitzen viele hier im Moment mit zu wenig Spannung.

Der Godō, der Kyōsaku-Mönch oder der Meister müssten allen Rensaku geben. Alle hier müssten es bekommen. Aber bei mehr als zweihundert Leuten wird das wohl schwierig sein.

Kyōsaku![61]

S., A. – Ihr müsst den anderen beiden helfen, Kyōsaku zu geben. Allen müsst Ihr es geben!

[Die beauftragten Mönche verteilen jetzt die Schläge.]

Stärker! Ihr braucht nicht zu sanft zu sein; ihr braucht nicht diplomatisch zu sein. Beim Kyōsaku-Geben müsst ihr Mushin sein, ohne persönliches Denken.

[Der Meister steht auf, nimmt sein eigenes Kyōsaku und verteilt eigenhändig Kyōsaku-Schläge. Nach einer Weile:]

Während dieser letzten Minuten müssen Sie Geduld haben. Die letzten Minuten sind sehr wichtig. Wenn Sie durch Schwierigkeiten hindurchgehen, machen Sie Fortschritte.

Chūkai!
Kinhin!

---

61 D. h., ab jetzt darf Kyōsaku gegeben werden.

Immer zu Beginn des Kinhin gibt es zu viel Husten und Naseputzen im Dōjō. Es ist nicht nötig, «Hatschiii» und andere seltsame Geräusche zu machen. Der Geist ist dann ebenfalls nicht ruhig.

Der große Meister Isan prüfte seine Schüler am Klang ihrer Stimme. An dem Geräusch, das sie beim Räuspern machten. Am Klang ihres Hustens. Im Zen muss man sogar auf den Klang des Hustens achten. Manche hier klingen nicht so gut. [Der Meister macht ein katzenartiges Husten nach.] Iiitschi! Iiitschi! Wie auch immer, Meister Issan gab das Shihō nach dem Klang der Stimme.

[Das Glockenzeichen ertönt, und alle kehren zu ihrem Platz zurück.]

Wer Schwierigkeiten mit Husten hat, muss vor dem Morgen-Zazen, gleich wenn er aufwacht, heißes Wasser trinken. Oder man nimmt etwas Süßes zu sich, zum Beispiel Zucker oder Sirup. Und wer dann immer noch hustet, muss sich den Mund zukleben.

Es ist auch nicht nötig, einen Hustenwettbewerb im Dōjō zu veranstalten. Dōgen verbot sogar Zazenwettbewerbe, also sind Hustenwettbewerbe mit Sicherheit unnötig. Ich weiß schon, wie das kommt: Einer fängt an, sein Nachbar macht mit, und so geht es weiter, die ganze Reihe entlang. Das ist der Fehler der Demokratie.

Kusen

Christus sagte: «Gott lebt in unserem Geist.» Jemand fragte ihn: «Wann wird das Königreich Gottes kommen?»

«Gottes Königreich kommt nicht in sichtbarer Form», antwortete er.

Es ist unmöglich, das zu erklären: «Schauen Sie her: Dies ist das Königreich Gottes.» Das Königreich Gottes existiert im Geist. Das Himmelreich liegt greifbar nah, nicht in weiter Ferne, nicht im Himmel. Mit dem Paradies ist es genauso. Christus verstand Zen. Es ist dasselbe. Gott ist nicht im Himmel. Gott ist überall. Warum also entstanden nach dem Tod Christi so viele irrige Vorstellungen? Gott ist überall. Hier und jetzt wissen, wo Christus ist. Hier und jetzt – das ist wichtig für Sie.

Für die westlichen Menschen lebt Gott im Himmel. So sagt man im christlichen Gebet: «Gott, der Du bist im Himmel». Die westlichen Menschen sehen Gott in Begriffen, die zu poetisch, zu objektiv sind. Die westlichen Philosophen, Psychologen, Wissenschaftler, Theologen und Künstler schauen zu sehr nach außen, sie betrachten objektiv, und so vergessen sie, nach innen zu schauen, subjektiv zu betrachten. Die westlichen Menschen schauen nicht tief genug in ihren eigenen Geist. Zazen ist anders. Zazen ist keine Darstellung nach außen hin. Zazen ist keine Dekoration. Zazen bedeutet, tief zu schauen, ganz vertraut mit unserem Inneren. Zazen bedeutet, Gott in unserem Geist im Innern zu entdecken. Es hat nichts mit dem Himmelreich zu tun.

Sogar Schiller und auch Beethoven behielten diese falsche Vorstellung bei. Beethoven wurde durch eines von Schillers Gedichten inspiriert und vertonte es in seiner neunten Symphonie:

Seid umschlungen, Millionen,
Diesen Kuss der ganzen Welt!
Brüder, überm Sternenzelt
Muss ein lieber Vater wohnen.

Ihr stürzt nieder, Millionen?
Ahndest du den Schöpfer, Welt?
Such ihn überm Sternenzelt,
Über Sternen muss er wohnen.

Ich mag die neunte Symphonie gern, und dieses Gedicht ist auch wunderschön. Die Menschen lieben schöne Gedichte, Bilder und Vorstellungen; aber was diese Gedichte sagen, ist falsch. Die Dichtkunst, das Theater – beide machen Fehler. Warum müssen wir zu den Sternen aufblicken? Warum müssen wir Gott in den Sternen suchen? Warum in den Sternen? Nun ja, da gibt es keinen Unterschied, denn die Menschen schauen sowieso niemals wirklich genau hin. Aber warum sagt Schiller das? Ich kann sehr wohl sehen, dass Gott in meinem Geist lebt. Jenseits des Sternenzeltes – ja, Gott ist da. Vielleicht.

Ein hübsches Gedicht. Trotzdem werden Gedichte wie dieses populär, und so glauben die Leute schließlich daran, dass Gott im Himmel sei.

Dieses Gedicht ist nicht großartig und voller Freude. Es ist traurig. Es wurde geschrieben, damit man weint. Es schafft und nährt die

Sehnsucht nach der Ewigkeit, und deshalb werden die Europäer niemals – niemals bis in alle Ewigkeit – den wahren Gott finden. Das ist das traurige Karma Europas.

Christus verstand den wahren, wirklichen Gott. Er verstand wahres Zen. Niemand anders verstand den wahren Gott so wie Christus. Gott existiert im Geist. In Ihrem Geist. «Das Königreich Gottes», schrieb Lukas, «lebt in eurem Geist.»

Zen und das Christentum, der Osten und der Westen, das sind zwei verschiedene Straßen. Aber manchmal stoße ich auf Punkte des Austauschs, auf Überschneidungen oder Kreuzungen zwischen beiden. Tiefe sogar.

Wenn Sie Zazen praktizieren, werden Sie das vollkommene, das totale Satori finden. Das gleiche Satori wie Christus. Das Gleiche wie Buddha. Die Form ist nicht die Gleiche, aber letzten Endes sind sie gleich.

Im Zen ist es die Rückkehr zum Ursprung, die entwickelt wird. Zen bedeutet, zur Quelle zurückzukehren, zu den Wurzeln, während es in der modernen Wissenschaft nur Äste und Blüten gibt. Und Ruhm. Das Christentum wurde ruhmreich wie die funkelnden Sterne am Himmel. Aber Gott – «Gott ist tot».

Aber hier, jetzt, suchen und finden Sie Gott. Hier wird ihr Zazen exakt, hier wird Ihre Haltung exakt. Dies an sich ist das Königreich Gottes.

[Langes Schweigen.]

Nicht bewegen, nicht bewegen. Junger Mann aus der Schweiz! Geduld ist wichtig. Sie werden nicht sterben.

Wenn Sie sich auf Ihre Schmerzen konzentrieren, werden sie schlimmer. Vergessen Sie die Schmerzen. Konzentrieren Sie Ihren Geist auf etwas anderes. Denken Sie an etwas anderes.

Der Gegenstand der Konzentration ist sehr wichtig. Nicht das Santa Lucia – nicht während des Sesshin. Die Hier-und-jetzt-Zazenhaltung. Hier ist das wahre Königreich Gottes. Das wahre Santa Lucia. Kennen Sie etwa die wahre Bedeutung der Worte «Santa Lucia» nicht?

30. August, 10.30 Uhr

Während eines Sesshin ist Geduld sehr wichtig. In den Sūtras wird Geduld als die höchste Tugend angesehen. Geduld ist das wichtigste Gebot. Sie ist viel wirkungsvoller als irgendein asketisches Training. Die Verdienste der Geduld sind unendlich. Während eines Sesshin – Geduld. Sesshin bedeutet manchmal auch «Übung der Geduld».

Es ist sehr schwer, sich immer zu gedulden – besonders während eines Sesshin. Die Schmerzen (am Schluss hat jeder Schmerzen), das Kyōsaku (egoistische Menschen finden das Kyōsaku sehr schmerzhaft), das Essen (das nicht so «gut» ist – kein Fleisch, kein Wein, kein Whisky), der Sex (der schwer zu bekommen ist) – all das macht es schwer, sich immer zu gedulden.

Aber mit Geduld – mit der Praxis der Geduld – verschwindet das Ego. Und in diesem Augenblick durchdringt das Santa Lucia den Körper. Santa Lucia bedeutet heiliges Licht: Es ist nicht nötig, ins Santa Lucia zu gehen. Zazen ist Mushotoku.

Kinhin!

Strecken Sie das Knie, wenn Sie den Fuß auf den Boden setzen. Strecken Sie die Muskeln in der Hüftgegend.

Diejenigen, die ich antippe, machen gutes Kinhin. [Der Meister läuft zwischen den Reihen der Kinhin Praktizierenden und sucht diejenigen mit der besten Haltung heraus.]

Stop! Sehen Sie sich diejenigen an, die ich ausgewählt habe. Sehen Sie sich ihre Haltung an. Ihre Handhaltung. Wie sie das Kinn halten. Wie sie gehen. Am wichtigsten ist ihre Würde. Sehr schön. Mit Sicherheit noch besser als das Kinhin Christi.

[Nach dem Kinhin gehen mehrere Leute auf die Toilette.]

Man darf während der Praxis nicht auf die Toilette gehen. Gehen Sie vorher. Natürlich erlaube ich es Ihnen sowieso. Sie würden ja sonst auf Ihr Zafu pinkeln.

Geduld zu üben, wenn man aufs Klo gehen muss, ist sehr schwierig – besonders während der Zazenpraxis. Sich hierbei zu beherrschen, ist sogar noch schwieriger, als den Husten zu unterdrücken.

Ich weiß es, da ich diese Erfahrung während eines Sesshin im Eiheiji selbst gemacht habe. Ich hatte eine schwache Blase, und je mehr ich versuchte, mich zu gedulden, desto schlimmer wurde es. Da es verboten ist, während des Zazen aufzustehen, und da es keine Möglichkeit gab, unbemerkt aus dem Dōjō zu verschwinden (jeder kannte mich – ich hatte die beste Haltung im Eiheiji), strengte ich mich ganz besonders an, geduldig zu sein. Ich drückte mit dem Po nach unten und behielt so meine Harnröhre eingeklemmt. Der Geist befindet sich in solchen Momenten in einem komaartigen Zustand. Ich besuchte das Paradies – und so musste mich der Kyōsaku-Mönch hinausbegleiten. Infolge meiner Geduld war ich in Ohnmacht gefallen. (Diese Geschichte hat sich in Japan schnell herumgesprochen; wie damals, als ich den Kyōsaku-Mönch verprügelte ...)

Bei Vorträgen ist es auch nicht so einfach, sich zu beherrschen, wenn man auf die Toilette gehen muss, besonders wenn es sehr kalt ist. Wie damals, als ich in Genf einen langen Vortrag hielt. Es war mitten im Winter, der Raum war kalt, und Ingrid, die Pianistin, gab mir vorher eine Menge Bier zu trinken; ich musste mich ständig entschuldigen, um pinkeln zu gehen. Etwa alle fünf Minuten. Und sogar später an jenem Abend, während Ingrid mich in München herumfuhr, musste ich wieder. Also sagte meine Sekretärin: «Halten Sie bitte an, Sensei will pinkeln gehen.» – «Das geht jetzt nicht, wir sind mitten im Stadtverkehr.» Ich versuchte mich zu gedulden, aber es war unmöglich. «Wenn Sie jetzt nicht anhalten, werde ich ins Auto pinkeln», warnte ich. «Warten Sie, warten Sie», war die wiederholte Antwort. Nun, als das Auto dann auch noch in einem Verkehrsstau stecken blieb, sprang ich hinaus. Ich flüchtete. Vor mir stand die berühmte Münchener Staatsoper. Die vielen Damen und Herren, die am Eingang standen, starrten mich erstaunt an, als ich mir einen Weg durch die Menge bahnte. Ich muss für sie sehr lustig ausgesehen haben – mit meiner seltsamen Kleidung, meinem glatt rasierten Schädel und dem Ausdruck von Panik im Gesicht. Jedenfalls fand ich in der Oper eine Toilette.

Jeder kennt dieses Problem. Aber während der Zazenpraxis ist es am schlimmsten. Ich übe seit vierzig Jahren Zazen, und so fürchte ich mich vor nichts – nicht einmal vor einem Kugelhagel im Krieg. Aber wenn es darum geht, Geduld zu haben, wenn ich pinkeln muss, dann bekomme ich es mit der Angst zu tun.

Kinhin!

Die Kinhin-Haltung ist die Grundhaltung, die am Anfang aller Kampfkünste steht. Ohne Ausnahme. Kinhin ist nicht das Gleiche wie Gehen. Anspannung, Entspannung. Auf einen Punkt schauen, alles sehen. Wenn Sie sich Kinhin zur Gewohnheit machen, wird Ihr alltägliches Leben Würde haben.

[Nach dem Kinhin:] Kyōsaku!

Zu viel Spannung ist beim Zazen nicht gut. Weder Ekstase noch Schläfrigkeit ist gut.

[Dreißig Minuten ohne ein Wort sind verstrichen. Dann:]

Chūkai!

Mondō!

Mondō

Frage: Warum haben einige sogar schon als Kind schlechtes Karma?

Meister: Wegen Ihrer Vorfahren. Ihrer selbst wegen, von früher her. Im Buddhismus nimmt man nicht an, dass die Vorfahren großen Einfluss haben. In einem Sūtra heißt es, dass es eine Sache des eigenen Karmas ist – vor dieser Welt. Karma kommt nicht aus dem Nichts. Es ist das Gleiche wie das Mendelsche Gesetz. Während wir uns noch im Uterus befinden, durchlaufen wir vom Embryo (von der Amöbe) bis zum Kleinkind eine Zeitspanne von hundert Millionen Jahren. Während der Zeit im Uterus erfahren wir die gesamte Menschheitsgeschichte. Daher sind auch die Erfahrungen jedes Einzelnen verschieden, und so entsteht unterschiedliches Karma.

Verstehen Sie?

Frage: Dem Ego folgen oder der kosmischen Ordnung – was ist der Unterschied?

Meister: Das wissen Sie nicht? Dem Ego folgen heißt egoistisch sein. Dem Ego zu folgen bedeutet, dass Sie Ihren Leidenschaften folgen.

Ich bin kein Moralist. Ich verneine die Leidenschaften nicht. Ich habe auch manchmal welche. Leidenschaften sind manchmal notwendig, und manche Leidenschaften sind nicht so schlecht. Auf jeden Fall müssen Sie Ihre Leidenschaften sublimieren, denn es ist wichtig, ihnen eine höhere Dimension zu geben.

Aber an den eigenen Begierden haften – nein. Wenn Sie in Ihrem Geist etwas nicht verwirklichen können, wenn Sie nicht den erwünschten Erfolg haben und Ihr Geist leidet, ärgerlich und ängstlich wird, ist das nicht gut. Aber wenn Sie der kosmischen Ordnung folgen, bleibt Ihr Geist ruhig und frei, sogar dann, wenn die ganze Welt gegen Sie ist. Als meine letzte Sekretärin ging, blieb mein Geist im Innern frei. Und er wäre es sogar, wenn meine jetzige Sekretärin, Anne-Marie, ginge. Wenn alle meine Schüler, Sie alle, mich verlassen würden und ich nicht mehr genug zu essen hätte, wäre mein Geist im Innern dennoch frei.

Sie sagen immer: «Wenn Sensei nicht haftet, wenn er immer der kosmischen Ordnung folgt, warum wird er dann zornig? Warum verlangt er etwas?» Das ist ganz natürlich. Das ist der äußere Geist. Aber der innere Geist ist nicht so.

Der Geist im Innern ist nicht sehr ärgerlich. Sie sagen: «Sensei war eben noch wütend, und jetzt lacht er.» Der Geist ändert sich ständig, weil es keine Anhaftung gibt. Der Geist ist immer frei. Mushotoku.

Der äußere Geist ist anders. Ihre Erziehung und so weiter. Und dann müssen Sie natürlich leben. Deshalb müssen Sie manchmal diplomatisch sein und auch Leidenschaften haben – selbst wenn Sie keine haben. Verhalten Sie sich so, selbst wenn Sie Whisky trinken. Das ist Weisheit.

Frage: D. T. Suzukis Arbeiten über Zen werden in Amerika und anderswo viel gelesen – was denken Sie über sein Verständnis des Zen?

Meister: D. T. Suzuki hat das Verdienst und die Auszeichnung, die Zenlehre breiten Schichten der amerikanischen Bevölkerung bekannt gemacht zu haben. Aber andererseits hat Suzuki keine Erfahrung mit Zazen gehabt, außer vielleicht ein wenig in seiner Jugend. Daher ist er in solchen Fragen nicht kompetent. Seine Werke sind psychologisch und philosophisch. Kein wahres Zen. Suzuki drang sehr tief in die japanische und allgemein in die östliche Philosophie ein, besonders in den Rinzai- und den Mahāyāna-Buddhismus.

Aber den letzten, tiefen Punkt hat er nicht erfahren, und so kann man durch D. T. Suzuki nicht wirklich Zen verstehen. D. T. Suzuki hat also kein Zazen praktiziert. Ich habe niemals gehört, dass jemand von Professor Suzuki im Zazen unterwiesen wurde. Nicht einmal in Japan. Hat irgendjemand Professor Suzuki jemals Zazen praktizieren sehen? Nein, nein, nein. Niemand. Er war Professor, kein Mönch (und daher auch kein Meister, versteht sich). Suzuki hat das *Shōbōgenzō* nicht tiefgründig studiert. Er benutzte es nur. Er verstand das wahre Zen nicht. Er hatte keine Erfahrung mit Zazen. Das ist dasselbe, wie wenn man einen auf Papier gemalten Apfel betrachtet. Man kann ihn nicht essen, oder? Verstehen Sie das?

Frage: Was sind Sie Ihrer Meinung nach? Ein Meister? Ein religiöser Führer? Ein Philosoph?

Meister: Haha, gute Frage. Das frage ich mich manchmal auch selbst. Aber was Sie tun, ist, durch Kategorien begrenzen. Das können Sie nicht machen. Das ist dasselbe wie mit den vier Stadien, den vier Stufen (zum Satori), von denen ich bereits sprach.

Manchmal bin ich Philosoph, manchmal ein religiöser Mensch. Manchmal bin ich Mönch, manchmal Erzieher. Manchmal bin ich Whiskytrinker.

Ein großer Historiker wird das einmal verstehen. Es sind die Schüler, die das entscheiden. Die Schüler sind am wichtigsten. Wenn große Schüler da sind (wie die um Christus), dann gibt es große Meister. (Wie bei Christus; es waren die Schüler, die ihn groß machten.) Aber mit den heutigen Professoren und Doktoren verhält sich das nicht so – diese Menschen sind schwach.

Selbst wenn ich selbst nicht groß bin: Wenn meine Schüler es werden, werde ich es auch. Das ist wahr: Die Schüler entscheiden es. Heutzutage sagt man: Deshimaru ist ein wirklich großer Meister geworden. Mit meinem eigenen Meister Kōdō Sawaki war es genauso. Zu seinen Lebzeiten kannte ihn niemand, nicht einmal in Japan. Aber heutzutage ist er berühmt.

Ich bin ein religiöser Mensch. Ich konzentriere mich ganz und gar auf Shikantaza. Bis zum Tod. Das ist mein einziges Anliegen.

Ich möchte in meinem Tempel bei Avalon[62] und in meinem Pariser Dōjō bleiben, bis ich achtzig oder neunzig bin, und mit denen, die mich dort besuchen, Sesshin abhalten. Und schließlich möchte ich in der Erde des Tempels ruhen. So stelle ich es mir vor.

Wenn ich sterbe, dann hier und jetzt: nur das. Als wahrer Zenmönch. Verstehen Sie?

Wie viel Zeit haben wir noch? Gut. Dann praktizieren wir noch ein wenig Zazen.

30. August, 16.00 Uhr

Kusen

In der Bibel findet man einige ausgezeichnete Kōan. Als junger Mann war ich von der Bibel sehr beeindruckt, von der blumenreichen Poesie des Evangeliums, von Christus, seinem Leben und seinen Worten. «Gottes Königreich existiert in eurem Geist», sagte Christus. Im Japanischen klingt dieser Satz sehr schön. Und auch: «Das Paradies liegt in greifbarer Nähe.» Andererseits mochte ich den buddhistischen Wortschatz nicht besonders. Meine Mutter sprach immer von der Buddhalehre, und im Amida-Buddha-Sūtra, aus dem sie mir oft zitierte, heißt es, dass das Reine Land irgendwo weit weg im Westen liegt – in einer Entfernung von drei Milliarden *chō*. Ich gab auf dieses Gerede nicht viel; es war schwer zu glauben.

Heute erzählte mir Philippe, der Amerikaner, in meinem Zimmer, wie sehr ihm der Klang der biblischen Worte missfiel und dass allein dieser Klang ihn störte.

Alle jungen Menschen wollen vor ihrer traditionellen Religion flüchten. Wie ich. Als junger Mann mochte ich die alten, traditionellen Sūtras nicht. Stattdessen mochte ich die Bibel. «Gottes Land existiert in eurem eigenen Geist.» Diese wenigen Worte erweckten mich. Sie gaben mir Satori. Damals glaubte ich viel mehr an die schön in Leder gebundene Bibel als an das alte, abgegriffene Sūtra-

---

62 Diese Pläne wurden später geändert und der Tempel stattdessen auf dem Landgut «La Gendronniere» in der Nähe von Blois errichtet.

buch meiner Mutter. Ich mochte auch Messer und Gabel viel mehr als Essstäbchen. Und genau so war es mit dem Evangelium. Aber das Evangelium, das nur poetisch und schön und überhaupt nicht praktisch ist, befriedigte mich nicht lange.

Ein protestantischer Geistlicher (ein Japaner) gab mir viele christliche Bücher zu lesen. Einige davon wurden als sehr ungewöhnlich angesehen, andere waren geheime Texte, und einige waren verbotene Lektüre für die Christen. Einer der Texte, die er mir gab, ein griechischer Text, der 1819 von einem christlichen Missionar irgendwo in Konstantinopel entdeckt worden war, handelte von der Lehre der zwölf Apostel. Dieser spezielle Text befasste sich insbesondere mit den Regeln für das praktische Leben der christlichen Adepten. Wie dem auch sei, Katholiken wie Protestanten hielten diesen Text geheim. Andere Texte, praxisbezogene Texte über das Christentum, über das wahre Leben Christi, über das Handeln im täglichen Leben, wurden ebenfalls geheim gehalten und werden es immer noch, sogar heutzutage. Ein trauriges Kapitel in der Geschichte der europäischen Zivilisation. Das ist meine Überzeugung.

Wenn ich ein Kōan benutze, so finde ich es nicht in der traditionellen Rinzai-Kōan-Sammlung. Ich finde es, wenn ich will, in den Worten Christi.

«Gottes Reich», sagt Christus, «lebt in eurem Geist.» Also zeigen Sie es bitte. Zeigen Sie es hier und jetzt. Wenn ein Schüler es nicht zeigen kann, gebe ich ihm Kyōsaku und sage ihm, dass er weiter Zazen praktizieren soll. Zum nächsten Schüler sage ich: «Zeigen Sie es. Zeigen Sie, dass Gottes Land in Reichweite liegt.» Dieser Schüler zeigt seine Hand. Ich antworte nichts – Kū. Ihre Hand ist Kū, leer. Warum? Wenn der Schüler nicht antworten kann, gebe ich ihm Kyōsaku. Auch er muss weiter Zazen praktizieren.

Die christlichen Meister würden sich genauso verhalten, denke ich. Dieses Verhalten ist praktischer als die Theologie. Praktischer, als das Evangelium zu lesen. Es ist meiner Meinung nach die wahre Lehre Christi.

Dōgens großes Kōan während seiner Jugend hatte mit seinen Zweifeln an der Lehre des Buddhismus zu tun.

Dōgen wurde im Tendai und im Rinzai unterrichtet – namentlich von dem berühmten Meister Eisai. Und dann reiste er nach China, besuchte viele Rinzai-Tempel und traf viele Rinzai-Meister. Aber das Shihō erhielt er schließlich von Sōtō-Meister Nyojō. Er kehrte nach Japan zurück mit der Absicht, die Zazenpraxis in seiner Heimat zu verbreiten. Und so schrieb er das *Fukanzazengi*. *Gi* bedeutet hier nicht Gedicht oder Sūtra, sondern vielmehr praktische Regeln. Das *Fukanzazengi* ist also ganz verschieden von der Bibel oder vom Evangelium.

«Wenn wir jetzt nach dem Weg suchen, ist er grundsätzlich überall gegenwärtig. Weshalb sollten wir dann auf die Praxis und Erfahrung angewiesen sein?», schreibt Dōgen zu Beginn des *Fukanzazengi*. (Es ist das Gleiche mit Gott, der überall ist.) ... Weil jeder sowieso die Buddhanatur hat, ist Praxis nicht notwendig. Zuerst dachte ich selbst so ...

Latein ist eine sehr vorteilhafte Sprache. Das Wort «potenziell» ist sehr treffend. Heute gab es in meinem Zimmer eine Diskussion zwischen Alain, Philippe, Anne-Marie und mir, und im Lauf dieser Diskussion erklärten sie mir die Bedeutung des Wortes «potenziell». Potenziell. Potenzielle Kraft. Philippe sagte, dass es von «potentia» («Kraft») kommt. Ohne «potentia» sind Sie «impotent». Wenn Ihr Potenzial erschöpft ist, bleiben Sie impotent, sogar wenn Sie mit sich selbst spielen. Also auch wenn Sie die potenzielle Buddhanatur haben, den potenziellen Geist, wird dieser ohne Praxis impotent.

Gestern sagte eine Frau zu mir, dass sie den Heiligen Geist habe. Das ist sicher richtig, aber ohne Praxis kann dieser Heilige Geist nicht verwirklicht werden. Die fundamentale kosmische Kraft ist potenziell überall gegenwärtig. Fundamentales kosmisches Potenzial. Es füllt den Kosmos. Aber ohne Praxis wird das fundamentale kosmische Potenzial bloße Vorstellung, eine Idee, eine Dekoration, ein Gedicht, eine Marionette. Zazen praktizieren heißt zum normalen Zustand zurückkehren. Die Zazenhaltung ist Potenzial. Im «*Kū soku ze shiki*» des *Hannya Shingyō* ist das Kū Potenzial. Aber wenn es einmal verwirklicht ist, wird Kū Erscheinung. Beim Tanzen im Santa Lucia gibt es keine Impotenz. Alles tanzt, sogar die Haare. Hier haben Sie «*Kū soku ze shiki*». Wenn Sie ins Dōjō zurückkommen, sitzen Sie in Zazen und werden vielleicht ruhig. Dann haben Sie «*Shiki soku ze kū*».

Potenzialität ist notwendig. So wird Bonnō zu Bodhi, zu Weisheit. Und umgekehrt, den Umständen entsprechend, gemäß dem Prinzip der Wechselseitigkeit, kann Bodhi (oder Satori) zu Bonnō werden.

Schlechtes Karma, schlechte Umstände bedürfen einer starken und genauen Praxis. Dōgen, der eine tiefe, gründliche Erfahrung hatte und selbst ein wirklich großer religiöser Mann war, sagte, dass eine starke Praxis notwendig ist. Alle großen religiösen Meister praktizierten hart, und durch die harte Praxis verwandelten sie ihre Wechselbeziehungen, ihr Karma, in gute Wechselbeziehungen, in gutes Karma.

Wenn Sie Schmerzen in den Beinen haben, bitten Sie um das Kyōsaku. Auf diese Weise, wenn zwei Stellen statt einer wehtun, wird der Schmerz zweigeteilt und dadurch vermindert.

30. August, 20.30 Uhr

Kusen

Beim Zazen vergeht die Zeit, unaufhörlich. Und dann wird die Glocke geschlagen. Es ist nicht nötig, auf die Glocke zu warten. Die Zeit vergeht ganz exakt.

Dōgen widmete ein Kapitel seines *Shōbōgenzō* der Frage der Zeit. *Uji. Uji* bedeutet sowohl «Existenz und Zeit» als auch «Sein-Zeit».

Jaspers, den ich persönlich traf, las Dōgens Kapitel über Uji und war tief beeindruckt und überrascht. Man berichtete mir, dass er sagte: «Wenn ich mein Leben noch einmal leben könnte, würde ich keine Bücher schreiben – ich würde schweigend sitzen.» Auch Heidegger las dieses Kapitel über Uji und war gleichermaßen beeindruckt davon.

Da dieser Text Dōgens sehr tiefgründig und schwierig ist, werde ich ihn einfach und kurz erklären.

Es gibt drei Zeitbegriffe. Einer davon ist das übliche alltägliche Zeitgefühl, das heißt Vergangenheit, Gegenwart und Zukunft. Ein anderer ist die subjektive Zeit oder der Zeitfluss. Setzen Sie zum Beispiel den Fuß auf den Grund eines Flusses, so sehen Sie das Wasser des Flusses unaufhörlich vorbeifließen, obwohl Ihr Fuß an der gleichen Stelle im Fluss bleibt. Umgekehrt verhält es sich ebenso – das heißt, der Fluss kann von der Zukunft durch die Gegenwart in die Vergangenheit fließen. Wenn Sie zum Beispiel in einem fahrenden Zug sitzen, zieht die Landschaft in dieser Weise an Ihnen vorüber.

Diese beiden Auffassungen der Zeit sind der westlichen Philosophie vertraut. Dōgen aber führt aus, dass es diese beiden Zeitzustände in Wirklichkeit nicht gibt, weil die vergangene Zeit in der Vergangenheit liegt und somit nicht existiert. Und genauso liegt die zukünftige Zeit in der Zukunft und ist daher ebenfalls nicht existent.

Der dritte Zeitbegriff – und hier liegt die Essenz der Philosophie Dōgens – zeigt die Zeit als nichtexistent. Alles, was ist, ist die Gegenwart. Nur die Gegenwart existiert. Der gegenwärtige Moment, das Jetzt, der Punkt – ausschließlich das existiert.

Wenn Sie jedoch diesem Punkt folgen, wenn Sie sich auf dieses Jetzt, auf dieses Jetzt, Jetzt, Jetzt konzentrieren, ergibt das eine Gerade, eine Art geometrische Linie. Hier haben Sie die Verbindungen der Ewigkeit. Hier haben Sie die Ewigkeit selbst. Jetzt sitze ich hier in Zazen. Hier und jetzt sitze ich im Zentrum des Kosmos. Dies ist der Mittelpunkt. Malen Sie einen Punkt in eine Kugel, und dieser Punkt ist immer der Mittelpunkt, von welcher Seite Sie es auch betrachten. So ist jetzt hier der Mittelpunkt des Kosmos. Deshalb würde sich, auch wenn nur einer hier säße, sein Zazen dennoch im gesamten Kosmos verbreiten. Und umgekehrt würde sich der ganze Kosmos in dieser einen Person konzentrieren. Praktizieren Sie Zazen allein, in der Abgeschiedenheit, und alle Existenzen sind gegenwärtig, alles Dasein ist darin eingeschlossen. Alle Dinge existieren in uns selbst, und jeder Augenblick schließt die ganze Welt ein. Und so steht jedes Wesen in direkter Beziehung mit dem nächsten, und jedes Wesen befindet sich in wechselseitiger Beziehung mit der gesamten Menschheit. Dies zeigt die Beziehung, die zwischen Zeit, Raum und dem Menschen besteht, und das ist Dōgens Philosophie. Deshalb müssen wir unseren Körper und unsere Seele, unseren Körper und unseren Geist, ganz dem gegenwärtigen Augenblick widmen. Alle Handlungen und das ganze Bewusstsein müssen im gegenwärtigen Augenblick verankert sein. Deshalb müssen wir uns konzentrieren. Hier und jetzt.

Das ist nicht nur Realismus – das ist die Ewigkeit. Es ist der unendliche Kosmos. Das ist keine Einsamkeit; dieses Mitfühlen schließt die gesamte Menschheit ein. Zazen ist nur ein Punkt. Es ist hier und jetzt, und daher schließt es potenziell alle Menschen ein, alles Dasein, den gesamten Kosmos.

Kaijō!

31. August, 7.00 Uhr

Kusen
Alle haben heute Morgen eine sehr gute Haltung. Bitte erinnern Sie sich an diese Haltung, wenn Sie weggegangen sein werden. Es ist die Haltung des lebendigen Gottes. Was ist Gott? Wie war die Haltung Christi? Sein Gesicht? Sein Verhalten? Wir können es uns vorstellen, aber wir können es nicht betrachten. Sicher, es gibt viele schöne Zeichnungen, Bilder und Skulpturen von Christus und Buddha, aber das sind nur Reproduktionen. Ich betrachte während der Zazen- und Kinhinpraxis ständig *Ihre* Haltung. *Sie* sind lebendig. Wenn ich *Ihr* Gesicht beim Kinhin und *Ihre* Haltung beim Zazen betrachte, kann ich den wahren, lebendigen Buddha, den lebendigen Christus finden.

Aber Sie dürfen nicht an Buddha haften. Wenn der Teufel erscheint, verprügeln Sie den Teufel. Wenn Buddha erscheint, verprügeln Sie Buddha. Mit dem Kyōsaku. Sie dürfen an nichts haften. Im *Shōdōka* heißt es, dass alle Weisen, Gott, Buddha, alle, weggefegt werden – wie ein Blitz am Himmel. Sie dürfen nicht haften. Was ist also in diesem Augenblick Buddha? Was ist Gott?

Manchmal sage ich, dass Ihre Zazenhaltung und Ihre Kinhinhaltung besser sind als die von Buddha oder Christus. Das ist meine Vorstellung. Fast jeder schafft Kategorien. Wie ist es mit Kants Vorstellung von Gott? Oder Einsteins? Oder Heideggers? Oder Beethovens? Oder Christi? Weiche entspricht der Wahrheit? Jeder weiß etwas anderes über Gott zu berichten. Das sind alles Kategorien.

Es gibt viele Bücher über die Buddhalehre. Und es wurden viele Kommentare über Zen geschrieben. Von den Chinesen, den Japanern, und neuerdings auch von den Europäern und den Amerikanern. Jetzt schreiben alle über dieses Thema. Diese Leute haben oft wenig oder gar keine Erfahrung mit Zazen, sie haben die wahre Essenz des Zen nicht geschmeckt, und trotzdem schreiben sie, schreiben und schreiben. Es ist, als ob man einen Apfel aufs Papier malt – man kann ihn nicht schmecken. Aber der Vergleich zieht nicht einmal, denn es ist noch schlimmer. Derjenige nämlich, der den Apfel malt, kennt seinen Geschmack, weil er ihn auch gegessen hat. Aber diese Kommentatoren haben die wahre Essenz des Zen nicht geschmeckt, und trotzdem versuchen sie, einen Apfel zu malen, den sie nicht kennen.

Als mein Meister Kōdō Sawaki mich einmal fragte, was mich im Zen am meisten geprägt habe, antwortete ich, dass es nicht das *Shōbōgenzō* war und auch nicht eines der Bücher über Zen, nicht einmal die gesprochenen Worte des Meisters.

«Als ich in den Tempel Eiheiji eintrat», erzählte Kōdō Sawaki einmal, «war ich sechzehn oder siebzehn Jahre alt. Damals konnte ich noch nicht Mönch werden, ich durfte nicht einmal die Mönchskleidung anlegen. Ich reinigte das Dōjō, arbeitete in der Küche und holte Gemüse, Klettenwurzeln und ähnliches, vom Markt. Mein Zimmer lag neben der Küche, es war eng und schmutzig und stank nach Gemüse, Gurken, Klettenwurzeln, Tamari und Miso. Und in diesem Zimmer praktizierte ich Zazen, wenn ich die Zeit dazu hatte. In meiner Sitzhaltung ahmte ich die Mönche, die in der Halle saßen, nach. Eines Tages überraschte mich der Tenzo dabei. Der Tenzo war der Dritte in der Hierarchie des Tempels. Er war ein hohes Tier im Eiheiji, aber er war immer wütend auf mich und schlug mich deshalb ständig. Diesmal allerdings war er so erstaunt, dass er sprachlos dastand. Dann trat er einen Schritt zurück und machte Gasshō. Er war überwältigt von meiner Haltung. Und voller Respekt sagte der Tenzo: ‹Hier ist der wahre sitzende Buddha. Hier ist der wahre lebende Buddha.›»

«Damals begriff ich», sagte Kōdō Sawaki, «dass die Zazenhaltung der wahre lebendige Buddha ist.»

Nicht bewegen ... Haben Sie Geduld ... nur noch heute Morgen. Jetzt und nach dem Frühstück. Sie haben das große Glück, hier derart Zazen zu praktizieren. Und jetzt bleibt nicht mehr viel Zeit. Nutzen Sie diese Gelegenheit.

[Das Kusen wird nach dem Kinhin fortgesetzt.]

Das Zazen vor dem Kinhin war wohl zu lang. Viele sind zusammengebrochen. Sie waren nicht geduldig. Lang wird kurz. Deshalb haben wir nur noch wenig Zeit übrig. Gut wird schlecht, schlecht wird gut. «Eins gewonnen», schrieb Dōgen im *Shōbōgenzō*, «eins verloren.» Wenn wir eines verlieren, dann bekommen wir in diesem Augenblick ein anderes. Alles ist so. Im *Hannya Shingyō* heißt es: «*Fuzō fugen* – keine Abnahme, keine Zunahme.»

Im Christentum ist die Liebe der wichtigste Faktor. Gestern beim Mondō beharrte eine Frau auf der Liebe. Sie sprach immer über Liebe, Liebe, Liebe. Im Japanischen heißt das Ai, Ai, Ai. Selbstverständlich ist das Mitgefühl sehr wichtig in der Buddhalehre. Aber Mitgefühl ist nicht Liebe. Im Buddhismus ist Liebe ganz und gar Bonnō. Sie ist Anhaftung. Trotzdem ist Liebe für die Christen sehr wichtig. Die Liebe zwischen Gott, Christus und dem Individuum. «Liebe Christus. Liebe Gott.»

Mein Freund Pater L., der in Japan lebt, sagte mir, er sei vom Rinzai zum Sōtō übergetreten. Und jetzt hat er dort ein Zendōjō, wo er Zazen praktiziert. Aber er versteht immer noch nicht Sōtō-Zen. Christliches Zen durchaus. Aber nicht Sōtō-Zen. Christentum ist Christentum, Zen ist Zen, und obwohl wir natürlich Ähnlichkeiten zwischen beiden finden können, sollten wir über beides hinausgehen. Es ist nicht nötig, an Zen, Buddha oder Gott zu haften.

Die Christen, schreibt L., können das wahre Satori niemals erfahren. Das bezweifle ich. L. beharrt immer auf einer bestimmten Vorstellung von Satori. Im Sōtō ist Satori nicht so wichtig. (Ich will gar nicht Gott oder Buddha werden, denn dann könnte ich keinen Whisky trinken und auch kein Fleisch essen. Buddha starb an Fleischvergiftung – er aß verdorbenes Schweinefleisch.) Wie auch immer, Pater L. schafft ständig Kategorien. «Wie kann ein Christ Satori haben?», schreibt er. Die Menschen wollen immer Kategorien schaffen. Schritt eins, Schritt zwei. Schritt drei. Wie eine Leiter. «Die Liebe Gottes», schreibt L., «führt beständig zum Satori.»

Ich sage immer: Laufen Sie beim Zazen nicht dem Satori hinterher. Lassen Sie alles vorbeiziehen; haften Sie an nichts. Nicht an Gottes Liebe und nicht einmal an einer Vorstellung von ihm. Sie würden Gott sonst nur begrenzen. Ein Bild ist nur ein Bild. Eine Skulptur ist nur eine Skulptur. Jeden Tag sehe ich das Gesicht Buddhas, wenn ich beim Kinhin *Ihr* Gesicht betrachte. Wenn ich *Ihre* Rücken beim Zazen anschaue, kann ich die Haltung des wahren Buddha finden.

31. August, 10.00 Uhr

Kusen

Das allerletzte Zazen – für alle, die zum letzten Sesshin kamen, wie auch für diejenigen, die achtunddreißig Tage hier waren. Also konzentrieren Sie Sich bitte.

Nein, es gibt kein letztes Zazen. Es ist nur das letzte Zazen hier in Val d'Isère. Es gibt kein letztes Zazen.

In den Korintherbriefen steht Folgendes geschrieben: «Ihr seid bereits tot – euer Leben ist in Gott und Christus aufgehoben.» Das ist ein Kōan, ein christliches Kōan. «Ihr Geist ist beim Zazen wie im Sarg – Ihr Leben wird zum kosmischen Potenzial.» Das ist ein Zenkōan. Das ist mein Kōan hier in Val d'Isère.

Am Eingang der Universität von Komazawa sitzen zwei riesige Statuen in Zazen; alle meine Schüler, die mich nach Japan begleiteten, haben sie gesehen. Rechts vom Eingang die Statue meines Meisters Kōdō Sawaki.[63] Er sitzt in der Zazenhaltung mit Koromo und Kesa. Die Haltung dieser Statue ist die Haltung Buddhas, sagt man. Links vom Eingang die Statue eines jungen Mannes – nackt bis auf ein kesaartiges Tuch, das seine linke Schulter bedeckt. Dieser junge Mann sieht fast wild aus. «Der sitzende Drache» steht unter der Statue eingraviert.

Um ein Modell für die Statue des wild aussehenden Mannes zu finden, wandte sich der Bildhauer an Kōdō Sawaki. Er suchte den Schüler mit der stärksten und korrektesten Haltung. Obwohl ich damals erst vierundzwanzig Jahre alt war und noch nicht einmal

63 Das Mönchsgewand.

Mönch, forderte Kōdō Sawaki mich auf, Modell zu sitzen. Mein Meister überging andere, langjährige Mönche, und wählte mich aus. So praktizierte ich drei Monate lang im Atelier des Bildhauers Zazen. Das Atelier befand sich außerhalb Tōkyōs, und Kōdō Sawaki kam einmal zu Besuch vorbei. Er prüfte die Statue und machte einige Korrekturen. Er korrigierte die Haltung des Kinns – er drückte es mehr nach hinten. Er verbesserte auch die Wölbung des Rückens. Er betonte sie ein wenig mehr, sodass das Gesäß ein Stückchen nach hinten rutschte.

Während der Ausstellung, die ein großes Ereignis war und überfüllt mit einflussreichen Leuten, legten viele Frauen Geschenke vor die Statue. Einige legten Geld hin, andere verbrannten Räucherwerk. Danach machten sie Gasshō.

Nach der Ausstellung ließen wir die Statue in mein Haus bringen. Aus Platzmangel wurde sie im Schlafzimmer aufgestellt. Meine Frau – wir waren noch jung – fürchtete sich vor der Statue und sagte: «Das ist unmöglich! Wie können wir uns lieben, wenn solch eine Statue am Fußende unseres Bettes steht?» Ich sprach mit Kōdō Sawaki darüber. «Das ist wahr», sagte er. «Dur darfst nicht vor deiner Frau Zazen praktizieren. Das erschreckt sie nur. Du solltest sie besser der Universität überlassen.»

Später besuchte ich Kōdō Sawaki in der Universität, wo er Vorlesungen hielt – zu dieser Zeit war er sowohl Professor in Komazawa als auch Godō im Sōjiji –, und er stellte mich den berühmten Professoren und anderen einflussreichen Leuten, die sich oft um ihn scharten, als denjenigen vor, der für die Statue am Universitätseingang Modell gesessen hatte. «Diese Statue», sagte er, «ist besser als meine. Sie ist sogar besser als die Statue Buddhas.» Und zu mir sagte er in Bezug auf Statuen allgemein: «Menschen aus Fleisch und Blut sind nicht so. Aber einmal in Bronze gegossen, verkörpern sie den höchsten Menschen.» Das ist ein Kōan. Ich war beeindruckt. In Wirklichkeit sind die Menschen also nicht so perfekt. Damals entschloss ich mich, wie diese Statue zu werden – nicht nur während der Zazenpraxis.

Diese Entscheidung habe ich nie vergessen. Sie wurde zu einem großen Kōan für mich – mein ganzes Leben hindurch. Diese Skulptur war für mich einer der Beweggründe, Mönch zu werden. Eine unbewusste Ursache, denn ich dachte nicht darüber nach. Ich dachte nur darüber nach, wie ich wie diese Statue werden könnte. Wann immer ich nah daran war, meinem schlechten Karma zu folgen, erinnerte ich mich an diese Statue; ich dachte über sie nach. So hat mich diese Statue in meinem Leben geführt und geleitet – diese Statue, die meinen Körper darstellt.

Heutzutage vergesse ich meine Haltung. Ich hafte nicht mehr so daran. Manchmal korrigiere ich sie. Manchmal konzentriere ich mich auf meine Kusen. Wenn ich mein Kusen unterbreche, um Ihnen zu sagen: «Kinn zurückziehen, Wirbelsäule strecken, drücken Sie den Himmel mit dem Kopf und die Erde mit den Knien», so ist das nicht nur für Sie, es gilt auch für mich. Ich übe seit mehr als vierzig Jahren Zazen, es ist also *mein* Geist, zu dem ich spreche.

Ihre Körperhaltung und die Haltung Ihres Geistes sind sehr wichtig. Erinnern Sie sich also bitte daran – erinnern Sie sich daran, wie Sie jetzt sind, während dieses letzten Sesshin hier in Val d'Isère. Haltung und Geist können eine Einheit sein. Wenn die Haltung unbeweglich ist, ist auch der Geist unbeweglich. Ist die Haltung ruhig, ist es auch der Geist. Körperhaltung, Geisteshaltung und Verhalten – sie alle beeinflussen den Geist.

Nun denn, wir sind am Ende. Ich wünsche Ihnen Glück und gute Gesundheit.

Ich habe Sie jetzt zwanzig Minuten länger sitzen lassen. Nehmen Sie es als ein Geschenk. Ein unsichtbares Geschenk. Von meinem Herzen.

Während dieser letzten Minuten ist es sehr wichtig, Geduld zu haben ... Heute ist ein schöner Tag, also bewegen sich alle ... Das Santa Lucia ... die Berge ... nach Hause ... die Reise nach Spanien ...

Kaijō!